Ⓒ

CLARISSE HARLOWE,

DRAME EN CINQ ACTES.

PRIX : 3 FR. 50 CENT.

IMPRIMERIE DE E. DUVERGER,
rue de Verneuil, n° 4.

CLARISSE HARLOWE

DRAME

EN CINQ ACTES ET EN PROSE,

PAR M. DINAUX,

REPRÉSENTÉ, POUR LA PREMIÈRE FOIS, A PARIS,
SUR LE THÉATRE-FRANÇAIS,
LE 27 MARS 1833.

PARIS.

J. N. BARBA, LIBRAIRE,
PALAIS-ROYAL, GRANDE COUR, DERRIÈRE LE THÉATRE-FRANÇAIS.

1833

PERSONNAGES.	ACTEURS.
LOVELACE.	MM. Bocage.
BELFORT.	Menjaud.
JAMES HARLOWE.	Marius.
MORDEN.	Geffroy.
LÉMAN.	Faure.
WILLIAMS.	Regnier.
CLARISSE HARLOWE.	Mmes Mars.
MADAME HARLOWE.	Desmousseaux.
MISS POLLY.	Dupuis.
MISTRESS SAINCLAIR.	Thénard.
MISTRESS SMITH.	Martin.
DORCAS.	Thibaut.
Une demoiselle de boutique.	Noralès.

CLARISSE HARLOWE,

Drame en cinq actes.

ACTE I.

SCÈNE PREMIÈRE.

MISTRESS NORTON, LOVELACE. *Mistress Norton travaille à l'aiguille.*

LOVELACE, *entrant.*

Ces dames ne sont point encore descendues, mistress Norton?

MISTRESS NORTON.

Non, monsieur Lovelace.

LOVELACE.

Et monsieur Harlowe est toujours retenu par son accès de goutte?

MISTRESS NORTON.

Eh! mon Dieu, oui... (*le regardant.*) Comment! en habit de voyage!

LOVELACE.

N'est-ce pas le plus convenable pour venir faire des adieux?

MISTRESS NORTON.

Des adieux! que s'est-il donc passé?

LOVELACE.

Quoi! la bonne Norton ne sait pas encore le grand événement?

MISTRESS NORTON.

Vraiment non.

LOVELACE.

Eh bien! bonne nourrice, hier soir j'ai reçu mon congé.

MISTRESS NORTON.

Que voulez-vous dire?

LOVELACE.

Qu'en vain dans mes visites j'ai tâché d'être aimable; qu'en vain, depuis quinze jours que je suis au château, je me suis efforcé de plaire; miss Arabelle a rejeté mon hommage.

MISTRESS NORTON.

Etes-vous bien sûr de ce que vous dites là?

LOVELACE.

Très sûr! Et pourquoi en douteriez-vous?

MISTRESS NORTON.

C'est que plusieurs fois je l'ai entendue parler de vous à sa jeune sœur, miss Clarisse, de manière à me faire paraître ce refus étonnant.

LOVELACE.

Vous savez qu'elle ne se pique pas d'une grande égalité de caractère; mais n'en parlons plus: j'aurais mauvaise grace à l'accuser. En attendant ces dames, voulez-vous faire une dernière fois notre conversation du matin?

MISTRESS NORTON.

Volontiers; mais souvent je me suis étonnée, qu'aux plaisirs actifs de votre âge vous préférassiez les discours d'une vieille femme.

LOVELACE.

C'est que cette femme bonne et simple me conte avec naïveté des choses qui m'attachent, m'intéressent.

MISTRESS NORTON.

Et je vous répète tous les jours la même chose. Vous savez que j'aime à parler de miss Clarisse, de l'enfant que j'ai nourrie, et vous venez tous les jours me provoquer, me mettre sur mon sujet favori.... Vous n'en conviendrez pas, mais je suis sûre que quelquefois je dois vous ennuyer.

LOVELACE.

Quand j'étais enfant, dans les contes que me disait ma nourrice, il y avait une femme aux cheveux blonds qui était douce, bienfaisante, belle comme le jour. Tous les soirs je redemandais l'histoire de cette femme aux cheveux blonds ; je la savais par cœur ; je la redemandais encore : eh bien ! dans ces loisirs de campagne, miss Clarisse est devenue la femme aux cheveux blonds.

MISTRESS NORTON.

Oui ; mais vous êtes peut-être plus raisonnable maintenant que du temps de votre nourrice.

LOVELACE.

Oui ; mais je n'avais pas vu la belle femme du conte, et j'ai vu miss Clarisse.

MISTRESS NORTON.

Vous avez l'air bien consolé du refus de miss Arabelle !

LOVELACE.

Mistress Norton, vous êtes une indiscrète.

LÉMAN, *entrant*.

Monsieur Lovelace, il y a là un de vos amis qui vous demande.

LOVELACE.

Un de mes amis ici, au château de monsieur Harlowe !

LÉMAN.

Il se nomme monsieur Belfort.

LOVELACE.

Belfort ! je vais à lui.

MISTRESS NORTON.

Non, restez ; recevez ici votre ami ; il faut que j'avertisse madame Harlowe que vous désirez la voir.

SCÈNE II.

LOVELACE, BELFORT.

LOVELACE.

C'est vraiment toi ! quelle bonne fortune !

BELFORT.

Rends-en grace à ton oncle qui m'a dit où te prendre.

LOVELACE.

Quelle affaire te faisait me chercher ? as-tu besoin d'argent ? te faut-il un second ?

BELFORT.

Je ne viens que pour toi, pour te donner des nouvelles de miss P...y.

LOVELACE.

Ah! c'est vrai, cette chère Polly! il y a plus d'un mois que je n'ai pensé à elle.

BELFORT.

Elle ne t'a point oublié si vite, et la consoler de ton abandon n'a pas été chose facile.

LOVELACE.

Ah! mais alors elle m'aimait trop! ne l'as-tu pas engagée à se réconcilier avec sa famille?

BELFORT.

Elle a refusé! Je veux rester libre, a-t-elle dit; et même sans lui j'accepte l'existence telle que pour lui je me l'étais faite.

LOVELACE.

Du courage! c'est bien! Tu n'as pas, je l'espère, épargné ma bourse; et les offres...

BELFORT.

Ont été dédaigneusement rejetées : Il a une grande dette envers moi, a-t-elle ajouté; je ne veux pas qu'il se rachète.

LOVELACE.

De la grandeur d'ame! elle est mieux que je ne le croyais. Des nouvelles de nos amis, de ces francs et joyeux libertins, Tourville, Mawbray, Belton!...

BELFORT.

Tous redemandent leur maître et leur roi; mais pendant qu'ils te croyaient chez milord-duc, que faisais tu ici?

LOVELACE.

L'aventure de miss Polly avait fait du bruit; milord-duc conclut un dernier sermon en ces termes : Je te pardonne, j'obtiendrai même pour toi la transmission de ma pairie et j'y joindrai ma fortune si tu te maries. Je n'avais pas d'intrigue commencée, rien en vue; puis il faut bien faire quelque chose pour l'aristocratie de la vieille Angleterre. Je me résignai donc à épouser quelque jeune personne bien insignifiante à qui j'aurais demandé un héritier, deux peut-être, si mon oncle eût poussé jusque là l'exigence, et que j'aurais laissée ensuite dans quelque château de province avec mon portrait en pied pour sauvegarde et consolation ; mais mon oncle me proposa miss Harlowe... On ne serait pas du comté si on n'avait pas entendu louer les charmes et les vertus de miss Harlowe.... toute ma famille me félicita. Ses louanges me revinrent si bien de toutes parts que je me décidai à la demander pour femme, tout-à-fait femme, femme qu'on aime, qu'on ne quitte pas, à qui l'on a l'intention de rester fidèle... Un vieil oncle, monsieur Antonin Harlowe, me présenta au château ; plusieurs fois je vis, j'écoutai ma future, et déjà je maudissais les jugemens du monde... Enfin, mais trop tard, j'ai découvert l'erreur. Il y a deux sœurs : l'une, Clarisse, que toutes les bouches vantent, que tous les cœurs adorent ; l'autre, Arabelle, dont on ne connaît qu'au château les graces et les vertus inédites.

BELFORT.

Eh ! mon pauvre ami, comment t'es-tu tiré de là ?

LOVELACE.

Ma position était des plus critiques... J'adoptai un système de prudente temporisation ; et, attendant tout des circonstances, je me mis à me faire aimer de tout le monde.

BELFORT.

C'était de la coquetterie.

LOVELACE.

Peut-être as-tu raison ; mais je voulais que miss Clarisse, alors absente, entendît bien parler de moi à son retour. Elle revint.

BELFORT.

Eh bien ?

LOVELACE.

Quand tu la verras, Belfort, à genoux ! Toutes les femmes que j'ai aimées, toutes celles qui m'ont adoré, toutes ces grandes dames, ces ladies, ces reines du monde... poussière, oubli, néant, depuis que ce soleil d'or a paru dans mon ciel. Belfort, je te défends de parler musique jusqu'à ce que tu aies entendu sa voix. Et son regard ! son regard ! on le sent ; il vous parcourt, sévère, comme un frisson, doux, comme une caresse ; et pour ce corps d'ange, une ame d'ange : sa parole donne à la raison un charme que je comprendrais même au milieu d'une orgie. Elle ne dit pas de grands mots ; mais autour d'elle un air plus pur vous environne, vous pénètre ; en vain, quelquefois, je m'enveloppe de mes souvenirs et de nos principes... c'est un rayon du ciel qui écarte les nuages, et apporte en silence lumière et chaleur.

BELFORT.

Quand tu fais de la poésie, c'est que tu es amoureux ou que tu le deviens... Mais miss Arabelle! Arabelle la délaissée?

LOVELACE.

Hier, l'occasion que j'attendais s'est présentée; sans doute elle s'était promis de me faire expliquer : j'étais sur mes gardes. Je provoquai le dépit; quand je l'eus élevé jusqu'à l'humeur, je parlai timidement d'un projet de mariage; elle était trop irritée pour ne pas me donner un refus; j'insistai jusqu'à ce que, poussée à bout, elle ne me laissât plus aucun espoir. Alors, victime résignée, je déplorai mon sort, et je la quittai avec cette joie orgueilleuse d'un ambassadeur qui s'est fait refuser ce qu'il brûlait de ne pas obtenir.

BELFORT.

Et quelles sont les suites de cette diplomatie anti-conjugale?

LOVELACE.

Que tu me vois attendant mon audience de congé.

BELFORT.

Et miss Clarisse?...

LOVELACE.

Ne me parle pas d'elle, je ne veux pas penser à elle; les discours où son nom se mêle me donnent la fièvre, je m'enivre de ses louanges; ne le redis à personne des nôtres... Je redoute cette dernière entrevue... En sortirai-je libre? oui, en ce moment je le veux.

BELFORT.

Et n'es-tu pas las de cette vie à grands mouvemens pour de petites choses? Ces rares qualités que la nature et l'étude t'ont données, que ne les emploies-tu à plus grand et plus noble usage? Ta parole est persuasive, ton courage à l'épreuve; tu sais plaire et commander.

LOVELACE.

J'aime à voir que tu me rends justice; mais que veux-tu? que je devienne une des mille mains agissantes et crochues de l'état? diplomate ou guerrier, pour avoir un jour deux lignes de mention dans les histoires complètes? car les abrégés sont ingrats... Non, par ma foi.. Ah! si tu peux agiter les partis, créer le trouble et la guerre, alors Hampden, Catilina, César, je m'élance dans le cratère enflammé, je domine la tourmente, et l'Angleterre penche du côté où je m'assieds. Mais une gloire sans émotion! s'approcher du gouvernail pour ne pas voir de tempêtes!.. non, non... Au lieu de cela, des plaisirs rapides, âcres, brûlans; des intrigues, des ruses, des dénouemens, des débauches, du vin, des amours, toujours des amours.

BELFORT.

Quelqu'un vient.

LOVELACE.

C'est madame Harlowe: va m'attendre au parc. (*Belfort se retire; madame Harlowe entre par le fond.*)

SCÈNE III.

MADAME HARLOWE, LOVELACE.

LOVELACE.

Madame, si, lorsque hier miss Arabelle rejetait mon hommage, cet instant où je dois vous faire mes adieux s'était présenté à ma pensée, j'aurais peut-être eu pour la combattre des forces qui m'ont manqué.

MADAME HARLOWE.

Vos regrets, monsieur Lovelace, je les partage.

LOVELACE.

Ces paroles sont douces pour moi. Orphelin le jour où je naquis, c'est un plaisir que je n'avais jamais goûté encore que de me trouver ainsi près d'une femme à qui je voudrais donner un nom exprimant respect et tendresse... Oh! tenez, c'est une bonne chose qu'une mère.

MADAME HARLOWE.

Singulier rapport! Souvent cette affection que vous m'accordez s'exprime comme la tendresse si douce, si caressante de ma Clarisse.

LOVELACE.

J'avais espéré la voir encore une fois ce matin près de vous.

MADAME HARLOWE.

Comment voulez-vous que miss Harlowe...

LOVELACE.

Ah! je conçois que je ne dois plus me présenter devant miss Arabelle! mais sa sœur ne m'a pas repoussé. Aurais-je eu le malheur d'encourir aussi sa disgrace?

MADAME HARLOWE.

Non, rassurez-vous; et peut-être regrette-t-elle comme moi que sa sœur ait été si sévère.

LOVELACE.

Laissez-moi donc la remercier de ses touchantes bontés : pendant quinze jours j'ai presque été son frère; et quand on l'a connue, on veut la voir encore, dût-on promettre que ce sera pour la dernière fois.

MADAME HARLOWE.

Le charme agit sur vous, monsieur Lovelace, comme sur tout ce qui l'entoure; et voilà que vous l'aimez comme nous.

LOVELACE.

Plaignez-moi donc si, sans l'avoir mérité, je suis banni de sa présence.

MADAME HARLOWE.

Vous n'êtes pas banni; lorsque le temps aura fait oublier des projets auxquels il nous faut renoncer, revenez, vous trouverez encore la famille qui aurait voulu vous adopter.

LOVELACE.

Il le faut donc! Du moins portez-lui mes adieux et mes vœux : qu'il se rencontre un homme qui juge et comprenne votre fille chérie; qu'il se rende digne d'elle, et, s'il obtient son amour, quand bien même, encore tout jeune, la mort jalouse viendrait le saisir, alors... un dernier regard de Clarisse, et qu'il expire en disant merci à la vie!

MADAME HARLOWE.

Non, non, celui qui aimera Clarisse, celui qui doublera mon bonheur par le sien, qu'il vive! qu'il vive heureux! qu'il vive long-temps!

LOVELACE.

Oh! oui, car j'aurais moins besoin du ciel.

MADAME HARLOWE.

Vous?

LOVELACE.

Moi! moi! car je la comprends, car je l'admire, car je l'adore, car je n'aurais pas voulu être son frère... Mon secret m'échappe, j'ai été vaincu, et à genoux je demande mon pardon et la main de Clarisse.

MADAME HARLOWE.

Relevez-vous, monsieur Lovelace.

LOVELACE.

Ah! répondez d'abord, répondez!

MADAME HARLOWE.

Relevez-vous; je ne vous en veux pas, je ne puis vous en vouloir.

LOVELACE.

Ah! vous êtes bonne, indulgente! Mais serez-vous ma mère?

MADAME HARLOWE.

Ecoutez-moi, mon jeune ami : à ce cœur qui s'ouvre à moi je répondrai par la franchise, dût cette franchise être l'aveu d'un tort. Quand je vous ai connu, dans le mystère de ma pensée il y avait peut-être un regret de votre premier choix. Je vous dirai tout : votre demande me flatte dans ma tendresse pour ma fille, et mon cœur serait disposé à vous aimer en elle; mais ce n'est pas de moi que dépend la réponse que vous désirez.

LOVELACE.

N'êtes-vous pas sa mère? sa mère bien-aimée?

MADAME HARLOWE.

Monsieur Lovelace, chaque famille a ses secrets fermés à tous les yeux étrangers, mais qui doivent se révéler à qui vient demander l'adoption. Comme toutes les jeunes filles, j'avais rêvé mon bonheur d'épouse; il ne s'est pas réalisé tout entier; M. Harlowe, retiré du monde après quelques mécomptes d'ambition, a apporté dans la solitude un amour de domination que la société n'avait pas satisfait et que le temps a peut-être accru. Plus tard son fils s'est associé à l'empire, et souvent a dirigé une volonté qui obéit en croyant régner encore. Mais, avec ces caractères impérieux, devais-je compromettre le plus grand bien qui me restât, l'affection des miens? Fallait-il faire de ma vie une lutte, un combat? Soit raison, soit faiblesse, j'ai renoncé à ma part de puissance, j'ai abdiqué pour être aimée.

LOVELACE.

Et quelle autorité plus forte que celle donnée par l'affection?

MADAME HARLOWE.

Ne vous y fiez pas : votre cause sera bien faible si seule je dois la plaider.

LOVELACE.

Vous ne connaissez pas d'obstacles qui doivent me faire désespérer?

MADAME HARLOWE.

Non ; quelques projets de mariage avaient été ébauchés.

LOVELACE.

Miss Clarisse les approuve?

MADAME HARLOWE.

Elle les ignore.

LOVELACE.

Qu'aurais-je donc à redouter?

MADAME HARLOWE.

Je ne sais.

LOVELACE.

Et cette incertitude doit-elle durer long-temps encore?

MADAME HARLOWE.

Il y a deux jours, par l'ordre de M. Harlowe, j'ai écrit à mon fils James pour lui faire connaître des projets qui depuis ont bien changé ; son retour ne peut tarder : attendez jusque là.

LOVELACE.

Mais si je trouvais en lui, en M. Harlowe, des préventions défavorables, n'est-il personne dont le crédit puisse me soutenir?

MADAME HARLOWE.

Peut-être aurez-vous à regretter l'absence du colonel Morden, le tuteur de Clarisse pour les biens que lui a laissés son grand-père. Le caractère fort et généreux de cet ami, protecteur déclaré de ma fille, exerce sur notre famille une grande influence ; mais il fait un long voyage. (*à Léman qui paraît.*) Que voulez-vous, Léman?

LÉMAN.

Madame, je venais vous annoncer l'arrivée de M. James.

MADAME HARLOWE.

Mon fils!... je vais le rejoindre chez M. Harlowe. (*Léman sort.*)

LOVELACE.

Ne vous semble-t-il pas que ce retour imprévu doit abréger mon attente? qu'avant mon départ du château je pourrai déjà présager mon sort?

MADAME HARLOWE.

C'est bien de l'impatience.

LOVELACE.

Attendre! attendre un pareil bonheur est bien cruel.

MADAME HARLOWE.

Puisque vous le désirez, dès cette première entrevue j'essaierai quelques mots.

LOVELACE.

Toute ma vie va se décider. (*Il sort par la porte latérale à gauche de l'acteur. Au moment où madame Harlowe se dirige vers la porte du fond, James entre.*)

SCÈNE IV.

MADAME HARLOWE, JAMES.

MADAME HARLOWE.

Mon fils! je vous revois.

JAMES.

Plutôt sans doute que vous ne m'attendiez?

MADAME HARLOWE.

Surprenez-moi souvent ainsi. Avez-vous vu votre père?

JAMES.

Il repose en ce moment.

MADAME HARLOWE.

Aucune cause fâcheuse n'a hâté votre retour?

JAMES.

Je suis parti aussitôt que j'ai eu reçu la lettre qu'on s'est décidé un peu tard à m'écrire.

MADAME HARLOWE.

Et qu'avait donc cette lettre d'alarmant?

JAMES.

Elle me faisait part d'un projet de mariage sur lequel j'avais besoin d'éclairer ma famille, et je me suis empressé de revenir, de peur que le consentement de ma sœur Arabelle ne multipliât encore les difficultés que je prévoyais.

MADAME HARLOWE.

Je ne vous comprends pas, mon fils ! Au surplus tout est fini de son côté, car hier soir elle a refusé la demande de M. Lovelace.

JAMES.

Je l'en félicite, et vous ne pouviez m'apprendre une plus agréable nouvelle.

MADAME HARLOWE.

Votre joie m'embarrasse, mon fils, car depuis quelques instans il m'a été fait une seconde demande.

JAMES.

De tout autre, volontiers, ma mère.

MADAME HARLOWE.

Mais c'est encore M. Lovelace.

JAMES.

Et pour qui donc ?

MADAME HARLOWE.

Pour Clarisse.

JAMES.

Pour Clarisse ! ah ! non certes, non ! Vous savez d'ailleurs que j'ai déjà causé avec mon père de projets qui la concernent.

MADAME HARLOWE.

Je croyais que vous n'aviez jamais pensé bien sérieusement à un homme tel que M. Solmes.

JAMES.

M. Solmes n'est, je l'avoue, ni d'un extérieur, ni d'un esprit bien séduisant ; mais il est riche, très riche, et d'ailleurs il n'est personne qui ne doive être préféré à M. Lovelace.

MADAME HARLOWE.

Cependant une alliance avec la famille de mylord-duc, de lady Lawrance....

JAMES.

Je professe pour mylord-duc et lady Lawrance, une profonde et sincère estime ! Mais leur neveu ! qu'il devienne mon frère !... Si mes paroles ont quelque crédit près de mon père, si vous m'écoutez avec bienveillance, cela ne sera pas.

ACTE I, SCÈNE IV.

MADAME HARLOWE.

Mais, mon fils, tant de qualités brillantes qui partout sont citées....

JAMES.

Je les connais, ma mère; je connais cet orgueil qui toujours veut et usurpe la première place, voit un ennemi dans un rival, un sujet dans un ami, et pour un éloge est capable de tout, même d'un élan calculé vers le bien... Je connais cette fatuité qui toujours se montre, se jette aux yeux, s'étale en velours, en galons, en rubans; se fait type, donne des lois et règne sur un peuple presque aussi beau qu'imbécile! et cette confiance, cette foi en lui-même, qui supprime le doute, traduit en action la pensée à peine conçue et donne à la tentative toute l'assurance du succès.... Je connais encore, et puissiez-vous l'ignorer toujours, ma mère, cette opiniâtreté qui prend une résistance pour un outrage, se plaît à la lutte, irrite le combat, enlace son adversaire dans des liens, dans des nœuds dont le bout lui échappe, toujours sûr de la victoire qu'il oserait ressaisir par un crime.

MADAME HARLOWE.

James, vos paroles sont bien violentes.

JAMES.

Ma mère, ma pensée, arrêtée depuis deux jours sur cet homme, s'exaspère et s'aigrit, et des ressentimens d'enfance à demi éteints se raniment, se réchauffent, deviennent une haine vivante, une haine d'homme.

MADAME HARLOWE.

De la haine, mon fils! ah! que je vous plains!

JAMES.

Oui, je le hais, quand je me rappelle l'insolence de ses triomphes à Oxford, ses défis arrogans portés par son amour-propre à toute la vie de ses rivaux; je le hais, parce que sa supériorité prétendue était une fatalité qui, dans nos jeux comme dans nos travaux, se jetait sans cesse au-devant de mes efforts; je le repousse, parce qu'il pèserait sur moi comme une puissance, parce que ce joug que je puis éviter dans le monde il me l'imposerait dans ma famille! L'Angleterre n'est-elle pas assez grande pour nous deux? Qu'il porte ailleurs sa fortune, son esprit, ses talens, sa beauté, mais loin de moi, pas ici, surtout pas ici, je ne le souffrirais pas.

MADAME HARLOWE.

Je ne veux pas vous dire, mon fils, que vous décidez seul, et sur des griefs personnels, une question où nos devoirs forceront votre père et moi d'intervenir.

JAMES.

J'ai eu tort, madame, d'autant plus tort que sans vous parler de moi j'aurais pu vous faire repousser toute idée d'alliance avec cet homme. Il m'aurait suffi de vous dire que sa gloire, son bonheur, c'est d'être appelé le roi des débauchés de Londres. A un âge où l'on peut errer en cherchant le plaisir, il s'est fait avec ses compagnons un système dans le désordre, et, sans le faux brillant de ses dehors, le monde, qu'il ne trompera plus long-temps, l'aurait déjà rejeté comme corrompu et corrupteur.

MADAME HARLOWE.

James, ces erreurs d'une ardente jeunesse, quand elles ne compromettent pas l'honneur du coupable, sont jugées avec indulgence par votre sexe.

JAMES.

Ah! vous pensez sans doute que je veux parler de ces fautes pour lesquelles notre éducation ne nous rend pas assez sévères, et que l'âge efface sans laisser ni trace dans la mémoire, ni tache sur le cœur... Mais pour lui pas d'excuse, parce qu'il y a vice avec calcul et habitude de s'en glorifier; il a porté la honte et le désespoir au sein de cent familles, et, pour ne vous citer que l'exemple le plus récent, vous connaissez mistress Horton?

MADAME HARLOWE.

Ce nom me rappelle un souvenir de digne et honorable noblesse.

JAMES.

Mistress Horton avait une fille, miss Polly, l'orgueil de sa mère. Lovelace est entré dans cette maison; et dans cette maison jusqu'alors heureuse, maintenant il n'y a plus qu'une mère qui pleure; et quand on lui demande où est sa fille, elle nomme Lovelace avec malédiction.

MADAME HARLOWE.

Grand Dieu!

JAMES.

Ma mère, c'est le séducteur de Polly Horton qui vous demande Clarisse.

ACTE I, SCÈNE IV.

MADAME HARLOWE.

Ah! Clarisse! ma Clarisse!

JAMES.

Me désapprouverez-vous maintenant si je lui écris?...

MADAME HARLOWE, *avec embarras.*

Non, non, James, c'est inutile.

JAMES.

Comment?

MADAME HARLOWE.

Quand vous êtes entré, il était avec moi, il attend...

JAMES.

Il attend?.. A mon tour donc... (*Il sonne.*)

MADAME HARLOWE.

Que prétendez-vous faire, mon fils?

JAMES, *à un domestique qui entre.*

Dites à M. Lovelace qu'il est prié de se rendre au salon.

MADAME HARLOWE.

James, cette conversation a réveillé en vous des souvenirs pénibles... votre voix est émue, l'ardeur de votre sang admettrait trop facilement la colère; ne le voyez pas. Ce refus doit le blesser : un mot mal compris, une parole insultante... Ah! ce serait mal, mon fils, car cet homme est chez nous; j'ai peut-être eu tort, mais je l'ai reçu, il est notre hôte.

JAMES.

Je veux voir son orgueil humilié.

MADAME HARLOWE.

Puisque vous le voulez, restez donc; mais laissez-moi lui parler; mes paroles seront moins irritantes; il ne verra sur mes traits ni ironie ni vengeance... Vous vous tairez, n'est-ce pas?

JAMES.

Soit, je vous le promets.

MADAME HARLOWE.

Et votre silence n'aura rien qui brave, rien qui provoque? vous respecterez la présence de votre mère?

SCÈNE V.

JAMES, MADAME HARLOWE, LOVELACE, LÉMAN.

LÉMAN, *annonçant.*

Monsieur Lovelace !

(*Lovelace salue madame Harlowe, et interrompt le salut qu'il faisait à James lorsqu'il voit que celui-ci se contente de lui faire un léger mouvement de tête. Madame Harlowe porte ses regards avec effroi tour à tour sur Lovelace et sur son fils.*)

LOVELACE.

Madame, je viens à vos pieds attendre mon arrêt.

MADAME HARLOWE.

Monsieur Lovelace, j'ai réfléchi à votre nouvelle demande avant de la soumettre à M. Harlowe ; j'y ai pensé avec l'anxiété d'une mère tremblante pour des divisions, pour des troubles inconnus jusqu'à cette heure autour de moi. Le refus d'Arabelle élève peut-être une barrière insurmontable entre nos deux familles ; et, pour le repos de tous, ne conviendrait-il pas de renoncer à cette alliance ?.. Je reçois vos adieux avec regret... Un jour... vous comprendrez...

JAMES, *s'approchant de sa mère.*

Madame...

LOVELACE.

J'ai tout compris, madame. (*Il s'approche de madame Harlowe, lui prend la main qu'elle lui abandonne malgré la fureur mal contenue de son fils ; il baise sa main avec respect en disant à demi-voix :*) Ainsi vous refusez de devenir ma mère !... mais non, ce n'est pas vous. (*Il s'éloigne après un dernier regard à James qui essaie inutilement de le braver.*)

FIN DU PREMIER ACTE.

ACTE II.

Un pavillon situé à l'extrémité du parc du château d'Harlowe ; à gauche, une porte qui communique avec une autre pièce du pavillon ; à droite, petite porte donnant à l'extérieur du parc ; au fond, porte principale laissant apercevoir le parc et le château.

SCÈNE PREMIÈRE.

LÉMAN, puis LOVELACE.

LÉMAN, *entrant par la porte du fond et se dirigeant vers la porte de droite.*

Je crois bien ne m'être pas trompé, c'est le signal ordinaire. (*Il ouvre.*) Vous ici, M. Lovelace !

LOVELACE, *une clé à la main.*

Pourquoi donc avais-tu mis les verrous de cette porte ? Je ne pouvais ouvrir.

LÉMAN.

Je vous croyais parti avec miss Clarisse, et je calculais que ma jeune et chère maîtresse devait déjà se trouver en sûreté.

LOVELACE.

Tout a manqué ; Clarisse, par une nouvelle lettre, a tout refusé.

LÉMAN.

Qu'espère-t-elle donc ?

LOVELACE.

Fléchir son père, sa famille.

LÉMAN.

Alors elle est perdue, et dès aujourd'hui elle sera la femme de cet affreux M. Solmes, à moins que le diable ne s'en mêle.

LOVELACE.

Je m'en mêlerai.

LÉMAN.

Dépêchez-vous donc, car c'est au vieux château de M. Antonin, derrière de bons gros murs et de larges fossés que se fera ce soir le mariage. Déjà M. Antonin, M. Solmes et miss Arabelle ont pris les devans, et miss Clarisse elle-même part dans quelques heures.

LOVELACE.

Elle ne partira pas.

LÉMAN.

Mais ce matin encore, avant que je ne vinsse au jardin, j'ai vu toute la famille faire ses préparatifs.

LOVELACE.

La famille changera d'avis. (*allant à la porte de droite.*) Ce pavillon n'a pas d'autre pièce que celle où nous sommes et celle-ci?

LÉMAN.

Non, monsieur.

LOVELACE.

Il faut que Clarisse vienne ici.

LÉMAN.

Songez donc qu'elle est surveillée.

LOVELACE.

Qu'importe, si sa famille elle-même l'y amène?

LÉMAN.

Mais alors...

LOVELACE.

Ecoute, mon brave Léman, notre unique désir est de faire triompher la charmante Clarisse de ses persécuteurs; il faut qu'un jour, heureuse d'un bonheur de son choix, elle dise : C'est à l'honnête Léman que je dois tout.

LÉMAN.

Il y a là une bonne conscience pour toute la vie.

LOVELACE.

Et quelques rentes qui te feront jouir agréablement de ta bonne conscience. Tu t'es bien gardé de laisser soupçonner à miss Clarisse les services que tu veux lui rendre?

LÉMAN.

Elle me croit, et j'en gémis, monsieur, au nombre de

ceux qui conspirent contre elle ; et, comme toutes les personnes de la maison ont ordre de se tenir éloignées d'elle, il m'a été plus facile de ne pas me trahir et de lui cacher mon dévouement indirect.

LOVELACE.

Sois donc docile, mon brave Léman, et tu peux être certain...

LÉMAN.

Ah! mon dieu! je suis perdu, j'entends quelqu'un...

LOVELACE.

Ne crains rien, c'est un ami.

SCÈNE II.

BELFORT, LOVELACE, LÉMAN.

LOVELACE, *allant à Belfort qui entre par la porte de droite.*
Exact à la minute! tu es un homme de bien.

BELFORT, *à demi-voix, montrant Léman.*
Quel est cet homme?

LOVELACE.

Un de mes pantins du château des Harlowe... Honnête Léman, prends garde qu'on ne nous surprenne. (*Léman s'éloigne.*) (*à Belfort.*) As-tu tout exécuté suivant nos conventions?

BELFORT.

Avant de te répondre, dis-moi ce que tu fais ici depuis le jour où, malgré le refus bien positif de mistress Harlowe, tu m'as laissé partir seul, et tu t'es confiné dans une mauvaise auberge de village des environs.

LOVELACE.

Je m'étais flatté trop facilement d'un retour vers moi; dans mon délire, j'avais oublié l'orgueil blessé de miss Arabelle et la vieille rancune d'un frère, de M. James Harlowe. Il fit l'insolent... mais c'était le frère de Clarisse, je me contentai de faire sauter son épée. Depuis ce jour, la porte du château m'est fermée. Il a mis au jour quelques aventures que vous aviez beaucoup applaudies, vous autres, mais qui n'ont pas eu le même succès au château. J'ai été banni, espionné, dénoncé à Clarisse comme un débauché, un misérable, rejeté enfin dans ces intrigues vives, compliquées, où tous les fils se croisent, se mêlent, qui animent la vie, sollicitent tous les ressorts de l'esprit, et me font marcher dans toute ma force et toute ma gloire.

BELFORT.

Et maintenant?

LOVELACE.

Maintenant je suis le plus heureux des hommes.

BELFORT.

Je n'y suis plus.

LOVELACE.

C'est un peu fort pour toi; suis-moi bien. L'action s'engage; j'erre en grondant autour des retranchemens ennemis, je fais entendre des paroles menaçantes; les femmes s'effraient : du consentement tacite de sa mère, Clarisse m'écrit pour me calmer; je continue à me plaindre pour avoir de nouvelles lettres, et quand, plus tard, arrive l'ordre de cesser toute correspondance, pourrait-elle le faire sans danger? Je suis trop irrité des insultantes fanfaronnades de ce fou de James, qui ne voit pas que ma patience est un jeu calculé, et qu'il n'est que le premier instrument de mes grands desseins.

BELFORT.

Pauvre Clarisse!

LOVELACE.

L'action commençait à languir, lorsque se présenta à mes ennemis un M. Solmes, banquier d'une probité douteuse, enrichi Dieu sait comme, à l'ame étroite, aux formes ignobles. Il demande Clarisse en mariage.

BELFORT.

On le refuse?

LOVELACE.

Oui, Clarisse, Clarisse si ennemie de tout ce qui est mal qu'elle refuserait Lovelace s'il n'était pas homme d'honneur, et peut-être un homme d'honneur s'il n'était pas Lovelace, Clarisse refuse : mais Arabelle et James irritent M. Harlowe, lui montrent Clarisse rebelle par un amour dont je voudrais bien ne pas douter. Cependant les reproches, les menaces n'ébranlent pas son ame généreuse... Alors on la bannit de la vie de famille, on la relègue dans son appartement, on lui interdit la présence de sa mère; et leur orgueilleuse sottise, fomentée par mon industrie, fait de

ACTE II, SCÈNE II.

moi, pour leur fille, une fatalité ! Il faut que Clarisse tombe dans mes bras, ma maîtresse ou ma femme.

BELFORT.

Et ne lui reste-t-il donc aucun autre appui que toi ?

LOVELACE.

Grace à moi, grace à mon génie, non. Tous ses parens sont contre elle, excepté un colonel Morden, homme d'une grande autorité au château, brave, sévère, aimant Clarisse en frère dévoué ; mais il n'est pas encore de retour d'un voyage en Italie. Elle aurait voulu l'attendre : ils ne lui en laissent pas le temps. Hier des menaces l'avaient décidée, elle devait venir en ce lieu et accepter mon secours ; mais elle s'est repentie. Aujourd'hui il faut lui faire voir le danger de plus près et l'empêcher de revenir encore une fois sur ses pas.

BELFORT.

Ecoute à ton tour, Lovelace. Tant qu'il s'est agi de ces intrigues où l'on peut calculer la hauteur du désespoir et la durée du repentir, même lorsqu'il s'est agi d'une Polly, qui prend la violence des passions pour l'énergie du caractère, je t'ai servi en compagnon dévoué ; mais depuis que je ne t'ai vu on m'a appris à connaître miss Clarisse. Je t'ai promis de te seconder, je tiendrai ma parole ; mais miss Clarisse sera ta femme.

LOVELACE, *avec mécontentement*.

Tu sais que je n'aime pas qu'on m'impose des conditions.

BELFORT.

Elle sera ta femme ou tu m'auras joué ! Alors Morden lui-même la protégerait avec moins de dévouement.

LOVELACE.

Brisons là, Belfort ! Veux-tu me dire comment tu as suivi mes instructions ?

BELFORT.

Volontiers : ce matin au lever du jour je me suis laissé voir à cheval auprès du château, avec trois domestiques armés jusqu'aux dents, à quelque distance d'une berline fort mal cachée. Aussitôt qu'on nous a eu bien examinés, je me suis retiré en affectant les plus grandes précautions pour n'être pas aperçu.

LOVELACE.

Très bien. De mon côté j'ai fait porter au château, comme correspondance interceptée par leur police, une lettre où je te faisais part, à mots couverts, de mon projet d'arrêter de force, sur la route, la voiture où sera Clarisse. Et les inquiétudes à donner du côté du château ?

BELFORT.

Au mur du parc, le plus rapproché de l'appartement de miss Clarisse, nos gens ont fait cette nuit une large ouverture qu'ils ont soigneusement recouverte de broussailles et qu'on ne saurait découvrir si quelques décombres ne venaient donner l'éveil.

LOVELACE, *à Léman qui se rapproche*.

Et tu dis que ce matin il y a du mouvement au château ?

LÉMAN.

Oui, monsieur.

LOVELACE, *souriant à Belfort*.

A merveille. (*à Léman.*) Eh bien ! vertueux serviteur, nous serons peut-être en mesure de réparer notre tort de la nuit dernière.

LÉMAN.

Ah ! monsieur, que vous êtes bon ! Mais au bout d'une des allées je viens d'apercevoir du monde qui semble se diriger de ce côté.

LOVELACE.

Encore un mot, honnête Léman : tu te tiendras près de cette porte pendant mon entrevue avec ma chère Clarisse.

LÉMAN.

Vous croyez donc...

LOVELACE.

J'ai fait la pièce, il faut qu'on la joue.

LÉMAN.

Ah ! vous avez bien de l'esprit ; mais vous devez être aussi un honnête homme, car sans cela vous seriez trop habile à être méchant.

BELFORT, *qui a été au fond du théâtre*.

On approche.

LOVELACE, *à Léman*.

Ne sachant pas si je pourrais te parler, je t'avais écrit mes dernières instructions ; lis-les et sois ponctuel.

LÉMAN, *les conduisant à la porte de droite.*

Rien ne manquera par ma faute, allez. (*Il va à la porte du fond et regarde dans le parc.*) Voilà mistress Norton et miss Clarisse; M. Lovelace l'avait bien dit. (*se dirigeant par la porte de gauche.*) Je me sauve par ici, et dès qu'elles seront entrées je descendrai dans le parc par le petit perron.

SCÈNE III.

MISTRESS NORTON, CLARISSE.

CLARISSE.

Au lieu de continuer notre promenade, pourquoi entrons-nous ici, ma bonne Norton?

MISTRESS NORTON.

J'avais ordre de vous amener en ce lieu, Clarisse.

CLARISSE.

Ah! pourquoi me dites-vous cela? Je n'attribuais qu'à votre amitié pour moi cette visite qui interrompait enfin la solitude à laquelle on me condamne.

MISTRESS NORTON.

Doutez-vous, Clarisse, que dans votre chagrin je ne vous eusse visitée souvent, tous les jours si cela m'eût été permis?

CLARISSE.

Permission, ordre! Quels mots! et tout cela contre moi, dans la maison de mon père!

MISTRESS NORTON.

Ah! oui, c'est cruel! Mais notre Clarisse bien-aimée n'a voulu entendre ni la voix de sa mère, ni la mienne, lorsque nous lui avons demandé un peu de courage.

CLARISSE.

Du courage! Ah! j'en ai eu quand j'ai résisté à vos prières, aux larmes de ma mère, de ma bonne mère, que je n'ai pas vue depuis un mois et dont vous ne me parlez pas.

MISTRESS NORTON.

Hélas! elle a passé toute la nuit à pleurer.

CLARISSE.

A cause de moi?

MISTRESS NORTON.

Vous deviez partir ce matin pour la maison de votre oncle Antonin, seule avec votre frère et sans la revoir.

CLARISSE.

Sans la revoir, sans l'embrasser! Ah! c'eût été une cruauté digne de mes persécuteurs!

MISTRESS NORTON.

Ma chère Clarisse, si, avec moi qui vous aime, vous pouvez si peu vous modérer, que direz-vous donc devant votre frère?

CLARISSE.

C'est qu'il est telles offenses, tels outrages, que les souffrir patiemment c'est déjà les mériter. Je ne suis pas faite encore au malheur; en seriez-vous surprise? Depuis ma première jeunesse j'ai entendu toute ma famille approuver, louer mes paroles, mes actions, mes sentimens. Aujourd'hui je m'interroge, je mets la main sur mon cœur et je me demande : Suis-je changée? Ma conscience me répond: Non. Et alors les mauvais traitemens dont on m'accable je les repousse avec énergie, avec constance, comme on repousse ce qui est injuste, ce qui est mal.

MISTRESS NORTON.

Ah! pourquoi M. Lovelace a-t-il eu ce duel avec votre frère?

CLARISSE.

M. Solmes en aurait-il moins persisté à demander la main d'une femme qui ne peut être à lui?

MISTRESS NORTON.

Que de chagrins, que de tourmens il nous eût épargnés!

CLARISSE.

Allons, chère Norton, du courage : mon cœur est rempli de bonnes espérances.

MISTRESS NORTON.

Et pourquoi?

CLARISSE.

Hier, quand j'ai su que le départ était décidé pour ce matin, un instant le désespoir m'a égarée, mais le repentir est venu aussitôt et avec lui la confiance ; je suis déjà récompensée puisqu'on retarde, si on ne l'abandonne pas encore, le projet de m'enlever à tous ceux que mes larmes et mes prières auraient pu fléchir. Cette première consolation ne viendra pas seule; (*avec quelque gaîté.*) si vous le savez, dites-le-moi.

MISTRESS NORTON.

Clarisse, ne vous flattez pas encore... N'entendez-vous pas?...

CLARISSE.

Oui, dans cette pièce.....

MISTRESS NORTON.

C'est votre frère.

SCÈNE IV.
MISTRESS NORTON, CLARISSE, JAMES *entrent par la porte latérale de gauche.*

JAMES.

Miss Clarisse, en vous abandonnant depuis un mois à vos réflexions, on avait espéré que vous vous soumettriez aux désirs de parens que vous disiez aimer. Vous avez persisté dans vos refus; le moment est venu de vous faire connaître les volontés immuables de votre famille, et de vous...

CLARISSE.

Pardon, mon frère, si je vous interromps; vous me parlez au nom de toute ma famille, et je ne vois que vous.

JAMES.

Notre oncle Antonin, notre sœur et M. Solmes étaient partis dès ce matin pour le château où la cérémonie devait avoir lieu; un exprès leur a été dépêché, et dans quelques heures ils seront ici.

CLARISSE.

Mais mon père, mais ma mère?...

JAMES.

Nous n'avons pas voulu que ma mère eût à souffrir du spectacle de ces débats que vous éternisez; mon père, vous le savez, a juré de ne vous revoir qu'épouse de M. Solmes, ou disposée à le devenir. Cependant il a voulu être témoin invisible de ce dernier entretien; il est là, Clarisse, il vous entend, prêt à vous ouvrir ses bras ou à vous renoncer pour sa fille.

CLARISSE.

Je demande à Dieu de n'être forcée à rien qui lui déplaise.

MISTRESS NORTON.

Je vais près de lui.

CLARISSE.

Oserez-vous lui présenter les hommages de sa fille? (*Mistress Norton fait un signe affirmatif, embrasse Clarisse et entre dans le cabinet.*) Maintenant je vous écoute, mon frère.

JAMES.

Votre mariage avec M. Solmes devait avoir lieu au château de notre oncle Antonin ; on a renoncé à ce projet.

CLARISSE.

Ah! merci! mille fois merci!

JAMES.

Tranquillisez-vous, ce mariage n'aura pas moins lieu.

CLARISSE.

Ah! déjà raillerie et dérision!

JAMES.

Vous me dispenserez sans doute de vous expliquer les raisons qui ont fait changer nos desseins?

CLARISSE.

Je désire cependant les connaître.

JAMES.

Nous ne sommes pas dupes de cette dissimulation ; est-ce moi qui vous apprendrai qu'un enlèvement à force armée était préparé par vos complices?

CLARISSE.

Mes complices!...

JAMES.

Ah! ne niez pas; j'ai vu les bandits qui devaient commettre le guet-à-pens, j'ai vu la voiture qui devait vous emmener; j'ai trouvé les traces des tentatives faites pour s'introduire la nuit dernière dans le château. Quelque obstacle imprévu a sans doute détourné cette attaque nocturne, et c'est sur la grande route que l'infâme Lovelace comptait prendre sa revanche.

CLARISSE.

Monsieur, sa conduite envers vous ne vous a pas donné le droit de le traiter d'infâme.

JAMES.

Coupable aveuglement! Si vous avez des intelligences,

une correspondance avec l'ennemi de notre repos, croyez-vous donc que je n'aie pas un agent qui me rende compte de sa conduite?

CLARISSE.

Ah! monsieur, un espion?

JAMES.

Soit, pourvu qu'il nous sauve du danger. Eh bien! par lui, j'ai entre les mains une lettre de votre vil séducteur.

CLARISSE.

James, respectez-vous dans votre sœur.

JAMES.

Une lettre, vous dis-je, à un de ses dignes compagnons, où ses termes mal déguisés ne laissent que trop bien voir le genre de secours qu'il lui demande.

CLARISSE.

On vous trompe, monsieur.

JAMES.

Vous pouvez me le prouver.

CLARISSE.

Comment?

JAMES.

Détruisez toutes les espérances de notre ennemi en épousant l'homme que vous présente votre famille.

CLARISSE.

Lorsque pour la première fois je refusai M. Solmes, je n'avais contre lui que les préventions inspirées par son défaut d'éducation et sa réputation équivoque; aujourd'hui je n'ai que trop la preuve que ce n'est point un honnête homme.

JAMES.

C'est insulter votre père qui l'a choisi.

CLARISSE.

Vous rappelez-vous, monsieur, le jour où je le vis pour la première fois? Je m'en souviens, moi; j'étais dans le salon de mon père, entourée d'amour et de bonheur, chérie, adorée, entourée de parens tendres et indulgens dont je faisais depuis vingt ans les délices; j'étais heureuse! La présence de cet homme a flétri mon bonheur; il est venu, et tous les biens qui me rendaient la vie si douce, si bonne, ont disparu comme un songe. Pour lui j'ai été traitée comme une esclave, pour lui privée de la vue de tout ce qui m'est cher, pour lui enfermée comme une misérable créature, bannie honteusement du sein de ma famille; et c'est un homme d'honneur qui souffre tout cela? c'est un homme d'honneur qui irrite le père contre l'enfant, qui met dans la bouche du frère des paroles de colère contre la sœur? qui donc osera le dire? Et voilà pourquoi je le refuse encore, car je veux un honnête homme pour mon mari.

JAMES.

Et c'est pour cela que vous voulez le digne Lovelace?

CLARISSE.

Quand vous voudrez l'humilier, choisissez mieux ceux à qui vous le comparerez. Mais il n'est pas question de lui; je demande à ne pas me marier, à me retirer dans la terre que mon grand-père m'a laissée.

JAMES.

Cela ne peut être : il faut que le débauché perde à jamais l'espoir de vous obtenir.

CLARISSE.

Que voulez-vous dire?

JAMES.

Il faut qu'aujourd'hui, dans deux heures, vous épousiez M. Solmes.

CLARISSE.

Cela ne sera pas.

JAMES.

Cela sera ici même, car vous ne retournerez plus au château d'où vous pourriez vous échapper.

CLARISSE.

Vous voulez donc me réduire au désespoir?

MISTRESS NORTON, *entrant*.

Au nom du ciel, abrégez cette discussion! M. Harlowe entend tout; vous connaissez ses emportemens...

JAMES, *à demi-voix*.

Cédez donc, fille rebelle!

CLARISSE.

Jamais! jamais!

JAMES.

Clarisse, de gré ou de force, vous ne trahirez pas l'honneur de la famille que je dois soutenir.

CLARISSE.

Ah! malheur à nous si vous êtes le gardien de l'honneur des Harlowe.

JAMES.

Malheureuse!

CLARISSE.

Je connais l'indigne mobile qui vous fait agir.

MISTRESS NORTON.

Clarisse, votre père!

CLARISSE.

James, M. Solmes est riche, il vous a promis de vous laisser ma fortune.

JAMES.

Mon père, vous l'entendez!

MISTRESS NORTON, *courant vers la porte.*

Grand dieu! courons arrêter ses pas. (*Elle rentre dans le cabinet.*)

JAMES.

Clarisse, mes conseils tu les as repoussés, et voilà que tu me braves, que tu m'insultes dans mon honneur! c'en est trop. Jusqu'à ce jour, placé entre mon père et toi, j'interceptais sa colère; maintenant je t'y livre: viens, il t'attend! (*Il lui saisit le bras.*)

CLARISSE, *résistant.*

Grâce! laissez-moi! laissez-moi!

JAMES, *voulant l'entraîner.*

Viens! il a des paroles à prononcer sur toi!

CLARISSE, *se débattant et tombant à genoux.*

James, vous voulez me perdre, vous voulez que toute ma vie soit frappée du plus terrible des arrêts: eh bien! vous m'arracherez d'ici.

JAMES, *cédant à ses efforts.*

Reste donc! la malédiction de ton père t'atteindra partout!

SCÈNE V.

CLARISSE *seule, revenant à elle.*

Personne! Norton aussi m'a quittée! Je n'ai donc plus à attendre dans cette maison que violence et malédiction; et des étrangers, la famille de M. Lovelace, m'offrent protection et appui! Hier, il devait se trouver ici pour me soustraire à tant de persécutions; s'il venait en ce moment... Ah! qui me sauvera des mauvais conseils du désespoir!

SCÈNE VI.

CLARISSE, MADAME HARLOWE.

CLARISSE, *avec un cri.*
Ah! ma mère! (*Elle tombe dans ses bras.*)

MADAME HARLOWE.
Remettez-vous, mon enfant! par votre émotion n'ajoutez pas à celle que me cause cette entrevue. (*Madame Harlowe s'assied sur un canapé; Clarisse se tient à ses pieds et la caresse.*)

CLARISSE.
Il y a si long-temps... Ah! vos mains. (*Elle les baise.*) Encore! encore!

MADAME HARLOWE.
Ma chère Clarisse, combien je suis sensible à vos caresses! Mais retenez le charme que vous avez pour m'attendrir, car je serais faible, je pleurerais avec vous, et je suis venue pour vous parler d'une sérieuse et déplorable affaire.

CLARISSE.
Ah! ma mère, en vous voyant, en sentant vos bras autour de moi, en sentant vos lèvres sur mon front, j'avais tout oublié, je n'avais plus qu'une pensée : ma mère, du bonheur par ma mère, la protection de ma mère.

MADAME HARLOWE.
Ma protection, pauvre Clarisse! hélas! depuis un mois, votre résistance m'a réduite à rester spectatrice silencieuse mais désolée de cette lutte dans ma famille : on m'accusait d'aveugle tendresse, et j'ai dû pleurer en secret, de peur que leur colère ne s'irritât contre vous de ma douleur.

CLARISSE.
Ah! que je m'accuse de vous avoir donné tant de chagrins! combien je vous en demande pardon!

ACTE II, SCÈNE VI.

MADAME HARLOWE.

Quand je n'aurais pas su que vous pleuriez plus amèrement que moi, tout vous aurait été pardonné, ma fille; on n'en aime que plus ceux pour qui l'on pleure. Venez, asseyez-vous près de moi, ma Clarisse, ma précieuse enfant! dites-moi, ai-je trop présumé? Au moment où j'entendais arrêter des projets de violence, j'ai cru que la voix de votre mère vaincrait votre obstination. J'ai offert de tenter une dernière épreuve. Vous le savez, Clarisse, votre père est un homme loyal et juste.

CLARISSE.

Ah! je ne veux pas accuser mon père; car lui aussi depuis quinze jours m'a refusé sa présence, et mes lettres n'ont pu parvenir jusqu'à lui : mais si vous saviez comme ils m'ont traitée!

MADAME HARLOWE.

Oh! oui, des mots durs, cruels...

CLARISSE.

Du calcul, de la perfidie, ma mère! aigrissant mes douleurs pour que mes plaintes fussent plus amères, plus violentes; puis amenant là mon père pour tout entendre, pour... (*sanglotant.*) ah! ma mère, vous ne savez pas?

MADAME HARLOWE.

Parlez, ma Clarisse, soulagez ce cœur si souffrant.

CLARISSE.

Au moment où mon désespoir s'exhalait en reproches, James m'a saisie, il a voulu me traîner vers mon père qui s'avançait. J'ai résisté; Norton a couru au-devant de ses pas... mais j'ai cru entendre... (*en pleurant.*) Ah! ma mère, ne m'a-t-il pas maudite?

MADAME HARLOWE.

J'étais là, ma fille, j'ai mis mes mains sur sa bouche, et j'ai dit : Mon Dieu, ne l'écoutez pas! et je t'ai bénie, mon enfant, de la voix, de la pensée, du cœur! Ne crains plus rien : Dieu entend les mères qui prient pour leurs enfans!

CLARISSE.

Ah! merci, merci pour le calme que vous rendez à mon âme.

MADAME HARLOWE.

Je connaissais votre cœur, ma fille; j'étais sûre qu'il comprendrait le mien.... Quand tous disaient que d'accord avec un homme que je ne veux pas nommer vous méditiez des projets de fuite, je répondais : Lorsqu'elle sera en marche pour quitter le toit où je l'ai mise au monde, laissez-moi de loin l'appeler, lui tendre les bras, et vous verrez de quel côté elle courra.

CLARISSE, *serrant sa mère dans ses bras.*

Ah! avec vous! toujours avec vous!

MADAME HARLOWE, *tenant la tête de Clarisse sur son épaule.*

N'abandonne jamais ta vieille mère : elle serait bien malheureuse sans toi, et toi aussi sans elle; car le jour où tu aurais un grand chagrin, ta tête souffrante n'aurait plus où s'appuyer... Ma fille, par une cruelle obstination, par une préférence pour un homme....

CLARISSE.

Je m'engage à renoncer à lui, à tout autre époux; mais qu'on ne me livre pas à monsieur Solmes! Oh! ma mère, vous ne savez donc pas quelle responsabilité vous prendriez devant Dieu!

MADAME HARLOWE.

Que dites-vous?

CLARISSE.

Et quelle femme oserait dire : Je voue ma vie entière à un homme que je méprise, et pour lui tous les devoirs d'épouse me seront légers!... Ma mère! un mauvais ménage!... comprenez-vous?... un mauvais ménage!.... toujours la solitude de l'ame! toujours dégoûts sur dégoûts, ressentimens sur ressentimens; voir, entendre, lire partout le bonheur de ceux qui aiment, et n'aimer pas... Ma mère! dans mon malheur, dans mon désespoir, je vous nommerais peut-être.

MADAME HARLOWE.

Clarisse, vous ménagez peu mon cœur, et pourtant j'ai promis.

CLARISSE.

Vous n'avez pas promis de perdre mon ame?

MADAME HARLOWE.

Vous refuserez donc aussi votre mère?

CLARISSE.

Demandez-moi ma vie!

SCÈNE VII.
JAMES, CLARISSE, MADAME HARLOWE.

JAMES.

Madame, vous êtes convaincue maintenant que rien ne peut triompher de sa cruelle obstination; le temps presse : je viens vous chercher de la part de mon père.

CLARISSE.

Oh! ne me quittez pas, je vous en supplie.

MADAME HARLOWE.

Clarisse, vous le voulez.

CLARISSE.

Ma mère, ma mère!

JAMES.

Nous ferons fléchir votre volonté.

CLARISSE.

Ah! si l'on doit employer la violence, pitié, ma mère! Si je ne devais plus vous revoir, pardon, pardon!

MADAME HARLOWE, *l'embrassant.*

Si tu es malheureuse, ce n'est pas toi qui souffriras le plus.

(*James entraîne sa mère.*)

SCÈNE VIII.
CLARISSE, *seule.*

Mon Dieu! j'ai résisté aux larmes de ma mère...... oh! éclairez-moi!... Tout à l'heure, quand elle me disait de ne pas la quitter, j'aurais tout souffert pour rester près d'elle! Oh! éclairez-moi, manifestez votre volonté à quelque signe où je puisse la reconnaître! Mon Dieu! j'ai perdu ma mère, éclairez-moi!

SCÈNE IX.
CLARISSE, JAMES; *il rentre par la porte du cabinet et ferme la porte à clé.*

CLARISSE.

Monsieur, pourquoi fermez-vous cette porte et en ôtez-vous la clé?

JAMES.

Pour qu'il ne vous reste aucune issue quand j'aurai fermé cette autre porte. (*Il montre la porte du fond.*)

CLARISSE.

Comment? dois-je rester ici?

JAMES.

Oui, enfermée jusqu'au retour de mon oncle et de monsieur Solmes; jusqu'à ce que le ministre ait béni votre union... Regardez ce seuil, vous ne le passerez qu'avec le nom de madame Solmes.

CLARISSE.

Oh! mais c'est impossible!... (*courant à la porte du cabinet et frappant.*) Ma mère! ma mère!

JAMES.

Cessez : toute la famille s'est retirée et personne ne peut vous entendre.

CLARISSE.

Mais vous, vous pouvez m'écouter : je ne veux pas rester ici seule, sans défense; il faut que je retourne au château! Oh! je vous en supplie, mon frère, je vous en conjure...

JAMES.

Votre orgueil est abattu parce que vos projets sont déjoués. Je le savais.

CLARISSE.

James, par pitié!

JAMES.

Adieu : dans une heure nous nous reverrons. (*Il repousse Clarisse qui veut s'opposer à son départ et ferme la porte.*)

CLARISSE.

Ecoutez-moi, au nom du ciel écoutez-moi! Je vous dirai tout, mon frère, je vous promets de tout vous dire... Il est parti!... et moi seule, seule ici!... (*voyant entrer Lovelace.*) Ah! c'est maintenant que je suis perdue!

SCÈNE X.

LOVELACE, CLARISSE.

LOVELACE.

Vous avez besoin de moi, je suis venu.

ACTE II, SCÈNE X.

CLARISSE.

Non, monsieur Lovelace, je ne veux point partir, j'ai vu ma mère.

LOVELACE.

Elle vous a dit sans doute qu'elle opposerait à la volonté de son mari l'autorité d'une mère; qu'elle imposerait silence aux brutales fureurs de votre frère et de votre sœur, et que contre la violence vous trouveriez un refuge dans ses bras?

CLARISSE.

Non, monsieur, elle ne m'a pas promis de secours, mais elle a pleuré avec moi.

LOVELACE.

Et quand elle déplore son impuissance à vous protéger, vous repoussez la main qu'on vous tend! Ah! si je n'avais craint de nouveaux chagrins pour elle, j'aurais été trouver cette bonne et tendre mère; je lui aurais dit qu'à défaut de l'appui que vous ne pouvez plus trouver ici, une noble et puissante famille vous tend les bras; je lui aurais montré la lettre où lady Lawrance....:

CLARISSE.

A chaque instant on peut venir.

LOVELACE.

Ne craignez rien.

CLARISSE.

Mais si quelqu'un vient, ce sera mon frère.

LOVELACE.

Par mon ordre on veille sur vous.

CLARISSE.

Que me voulez-vous donc?

LOVELACE.

Ne croyez pas que je veuille parler de cette vie cachée et solitaire qui tout à coup a succédé pour moi au brillant éclat du monde! Errer autour de ce parc pendant tout le jour, la nuit m'approcher du château, chercher votre fenêtre, attendre que votre ombre passe sur un rideau : tout cela plaisir, Clarisse, plaisir qui trompe l'absence, qui la partage en une attente de chaque jour, et donne à chaque heure son espérance. Ne croyez pas non plus que je veuille vous rappeler les outrages de votre famille, les insultes de votre frère! Orgueil, vengeance, tout s'éteint dans mon amour... Mais de toutes les pensées n'en avoir plus qu'une, oublier tout, amis, plaisirs, honneurs, famille; ne se souvenir que de Dieu, parce que Dieu peut faire aimer de Clarisse; pleurer, gémir, se débattre contre un mal qui tue... Ah! c'est un supplice affreux, Clarisse, c'est le mien. Vaincu par les tourmens passés, je recule devant de nouvelles tortures, je tombe à genoux, je demande grace.

CLARISSE.

Ah! ne me parlez pas ainsi... Je ne dois pas vous entendre.

LOVELACE.

Vous aussi, maintenant, vous savez ce que c'est que souffrir; vous aussi vous avez des jours de sombre solitude, des nuits de cruelles angoisses! Clarisse, un mot, et votre malheur cesse, et l'avenir pour moi s'éclaire d'espérance! Qu'ai-je dit? moi! s'agit-il de moi? Non, vous, toujours vous, votre repos, votre liberté! Lady Lawrance vient vous l'offrir... avertie par moi d'après votre lettre d'hier, elle accourt vers vous les bras ouverts, elle approche déjà; peut-être elle vous attend! qui vous arrête encore?

CLARISSE.

Votre réputation; vous.

LOVELACE.

Moi! un obstacle à votre bonheur? soyez bénie pour m'avoir éclairé. Quand tous ceux qui vous ont chérie dès l'enfance sont devenus vos persécuteurs, mon amour plus récent, mais mille fois plus tendre, ne vous sera pas malheureuse! Venez sous un noble patronage ressaisir l'indépendance qu'on vous arrache. Je vous remets à votre généreuse protectrice et je m'éloigne, je pars... Je m'interdis votre présence!... Au prix de ma vie le cœur de Clarisse, mais un cœur libre, qui se donne et m'appelle.

CLARISSE.

L'honneur m'ordonne de rester ici; mais jamais sans votre aveu je ne serai à un autre.

LOVELACE.

Ah! je connais la noblesse de votre ame, la force de votre volonté; mais la violence? ils sont capables de tout! Si un instant les forces vous abandonnent, un évanouissement ne vous sauvera pas; le lâche Solmes tiendra votre main glacée, et quand la vie vous reviendra, Clarisse, vous serez perdue

ACTE II, SCÈNE X.

pour moi, perdue à jamais : vous voir, vous chercher, penser à vous sera un crime ; alors où donc ira mon ame ?

CLARISSE.

Monsieur Lovelace, je fléchirai mon père.

LOVELACE.

Ne l'espérez pas !... ils ne veulent pas vous entendre. (*avec éclat.*) Mais ils m'entendront, moi !

CLARISSE.

Que voulez-vous faire ?

LOVELACE.

Je ne vous demande plus de me suivre. C'est moi qui vais vous accompagner au château, ou plutôt vous y précéder : il faut que la vérité parvienne aux oreilles de cette impitoyable famille.

CLARISSE.

Grand dieu ! quel dessein !

LOVELACE.

Ils sont réunis ! Je veux les voir, je veux leur demander compte de votre bonheur détruit, de votre jeunesse éteinte dans les larmes. Je veux flétrir ce despotisme d'un père qui dit à sa fille : Je te défends d'aimer celui-ci ; je t'ordonne d'aimer celui-là... cette tyrannie d'un mari qui dit à sa femme : Oublie ton enfant, car j'ai envie de la maudire... Il y a là aussi un homme à qui je demanderai si Dieu a fait le frère juge et maître de sa sœur.

CLARISSE.

Tout à l'heure je vous croyais généreux.

LOVELACE.

Je souffrirai tout patiemment, même l'insulte, si elle me vient des vôtres ; mais Solmes, mais l'infâme ! à lui ma colère.

CLARISSE.

Encore des épées, encore un duel !

LOVELACE.

Oui, il me faut sa vie... puis ensuite l'exil, l'échafaud ! mais Clarisse, ma Clarisse sera sauvée et libre.

CLARISSE, *avec effroi.*

On a touché à cette serrure !

LOVELACE, *tirant son épée.*

Qu'ils viennent donc!

LÉMAN, *en dehors.*

Il est là! il est là! je l'entends! (*Il frappe à la porte.*)

CLARISSE.

Ah! terreur!

LÉMAN.

La clé, monsieur Solmes, la clé!

LOVELACE.

Ici la mort, l'esclavage! là la liberté, l'amour!

LÉMAN, *en dehors, appelant.*

Monsieur James! monsieur James! (*On frappe plus fort à la porte.*)

CLARISSE.

Mon frère! ah! sauvez-moi! sauvez-moi!

LOVELACE, *la saisissant.*

A moi donc!

CLARISSE, *entraînée.*

Ma mère, ma mère! (*Ils sortent.*)

FIN DU DEUXIÈME ACTE.

ACTE III.

SCÈNE PREMIÈRE.
LOVELACE, BELFORT, WILLIAMS.

LOVELACE, *assis dans un fauteuil.*

Qu'est-ce ?

WILLIAMS, *annonçant.*

Monsieur Belfort.

BELFORT.

Je te retrouve enfin !

LOVELACE, *sans se déranger.*

C'est toi !

BELFORT.

Cela t'étonne ?

LOVELACE.

Point : tu es toujours le même ; tu as mis quinze jours à me découvrir : je t'aurais dépisté en vingt-quatre heures.

BELFORT.

Et pourquoi as-tu pris la peine de me fuir ?

LOVELACE.

Tu ne l'as pas deviné ? parce que je ne voulais pas de toi dans un projet au-dessus de ta portée.

BELFORT.

Lovelace, veux-tu répondre à quelques questions ?

LOVELACE.

Dis d'abord, je verrai ensuite.

BELFORT.

Quelle est cette maison ?

LOVELACE.

Un fort joli petit hôtel que j'ai loué tout meublé pour trois mois, sous le nom de lady Lawrance.

BELFORT.
Et par qui est-il habité?

LOVELACE.
Par ma tante lady Lawrance et sa fille miss Montaigu.

BELFORT.
Lovelace, je viens de les voir.

LOVELACE.
Et tu as reconnu les masques?

BELFORT.
Je me suis demandé comment de telles femmes....

LOVELACE.
Belfort, respecte ma famille, même lorsqu'elle est d'emprunt.

BELFORT.
Une mistress Sainclair...

LOVELACE.
N'est-ce pas au fond une excellente femme?

BELFORT.
Miss Polly !

LOVELACE.
Naissance distinguée, beauté, énergie de caractère.

BELFORT.
Une femme désormais en guerre avec qui n'est pas tombé comme elle.

LOVELACE.
Tu l'as étudiée?

BELFORT.
Et voilà celles au milieu desquelles tu viens commettre miss Clarisse Harlowe! Tu m'as trompé, tu ne l'aimes pas.

LOVELACE, *se levant, avec violence.*
Je ne l'aime pas! Belfort, fais de la morale si c'est ton plaisir : reproche-moi les moyens que j'emploie... Mais je te défends de dire que je ne l'aime pas.

BELFORT.
Parmi les plus perdus de nos compagnons, en as-tu jamais vu un seul déshonorer celle qui doit être sa femme?

LOVELACE.
Ah! si tu parles de mariage, c'est autre chose, et je veux

ACTE III, SCÈNE I.

bien te dire ma pensée. Comme tout ce qu'il y a de vertu dans son sexe se résume en Clarisse, je veux éprouver en elle son sexe entier : si elle résiste tout en m'aimant, car surtout il faut qu'elle m'aime... oh! alors je fais amende honorable, je renvoie mon mauvais génie qui aura succombé devant elle, et le mariage sera sa récompense.

BELFORT.
Et quel terme mets-tu à cette infernale tentation ?

LOVELACE.
Oh! elle n'est encore qu'au début; mais elle me forcera peut-être à hâter les grands moyens... Sa répugnance pour ces femmes...

BELFORT.
Elle les a devinées ?

LOVELACE.
Non, mais elle ne les aime pas ; elle semble avoir des craintes... Ce soir j'avais espéré la mener au théâtre, elle a refusé, et quand tu es arrivé je rongeais ma mauvaise humeur.

BELFORT.
Ta mauvaise humeur !

LOVELACE.
Dis-moi, suis-je habitué aux délais, aux dédains? Me croiras-tu? un jour, après avoir épuisé près d'elle cette éloquence qui a séduit tant de beautés cruelles... je lui ai offert ma main... mais de bonne foi... elle a refusé.

BELFORT.
L'imprudente ! et pourquoi?

LOVELACE.
Elle veut attendre une réconciliation, que sais-je? un consentement des siens ; elle regarde mon amour comme une affaire à régler en conseil de famille... Après s'être livrée entre mes mains, elle ose pour des calculs de raison, pour des convenances imaginaires, m'irriter par des rigueurs que je ne conçois pas quand on aime... Je te l'ai dit, elle me forcera...

BELFORT.
Eh bien! que feras-tu?

LOVELACE.
Tu es bien curieux! le sais-je encore moi-même? Et quand sa vertu aurait à lutter contre autre chose que des paroles?...

BELFORT.

De la violence ! tu ne le feras pas.

LOVELACE.

Et qui m'en empêcherait? Le terrible Morden est-il donc de retour?

BELFORT.

Non ; mais je suis ici.

LOVELACE.

Toi, Belfort?

BELFORT.

Moi, qui ne veux pas que mon ami se déshonore.

LOVELACE.

Tu oserais?

BELFORT.

Lier un fou!

LOVELACE.

Nous nous aimons depuis long-temps, Belfort; mais ne tente pas mon amitié. Ecoute bien : je fais serment que Clarisse sera à moi !

BELFORT.

Et moi je jure de t'empêcher de commettre un crime qu'un jour tu demanderais à racheter de ton sang.

LOVELACE.

Veux-tu me braver?

BELFORT.

Je veux te sauver de toi-même.

LOVELACE.

Ma patience est à bout.

BELFORT.

Renonce à tes projets.

LOVELACE.

Moi! Lovelace!

BELFORT.

Eh bien! je l'arracherai de tes mains.

LOVELACE.

Tu me menaces! viens te défendre. (*Fausse sortie.*)

BELFORT.

Comme tu voudras.

LOVELACE.

Belfort! tu me tuerais donc? eh bien! je vaux mieux que toi, et même pour Clarisse je ne voudrais pas ta mort. Veux-tu me donner ta main?

BELFORT.

Oui, en restant fidèle à mon serment.

LOVELACE.

Et moi au mien.

BELFORT.

Adieu donc! Quand nous nous reverrons, je voudrais pouvoir t'embrasser.

LOVELACE.

En attendant, (*Il lui tend les bras, Belfort s'y jette.*) tu ne veux pas prendre le thé avec nous?

BELFORT.

Non, je pars. (*lui serrant la main.*) Tu es le meilleur des amis et le plus exécrable des amans.

LOVELACE.

Adieu, flatteur!

(*Quand Belfort sort par le fond, Sainclair et miss Polly entrent par la porte latérale de droite.*)

SCÈNE II.

SAINCLAIR, MISS POLLY, LOVELACE.

SAINCLAIR.

Vous parliez bien haut avec M. Belfort; qu'aviez-vous donc?

LOVELACE.

Une dispute d'amis; c'est un chaud défenseur de Clarisse.

MISS POLLY.

En ce cas il a bien fait de sortir : la partie n'aurait plus été égale pour lui.

LOVELACE.

Vous n'aimez pas Clarisse, miss Polly?

MISS POLLY.

Non, certes.

LOVELACE.

Et pourquoi?

MISS POLLY.

Parce que sa résistance est une insulte pour moi.

LOVELACE.

Et, en ma faveur, vous voulez sa chute?

MISS POLLY.

En votre faveur! je veux sa chute pour que cette femme, qui depuis quinze jours me traite en égale, n'ait ni paroles de mépris ni regards d'aversion le jour où elle apprendra qui je suis. Je veux sa chute pour me venger de ces femmes dont j'étais la compagne et qui ne me connaissent plus; qui, parce qu'elles n'ont jamais été éprouvées par un violent amour, repoussent avec dédain celle qui a combattu sans vaincre.

LOVELACE.

Cruelle Polly! vous ne m'aimez donc plus?

MISS POLLY.

Je vous aime comme un moyen de représailles et de vengeance! Quand mes pensées retombent sur moi-même, c'est une consolation que d'autres se perdent où je me suis perdue.

LOVELACE.

Vous prenez toujours les choses au sérieux.

SAINCLAIR.

Nous ne passons pas prendre le thé?

MISS POLLY, *avec ironie*.

Et ne faut-il pas attendre miss Clarisse?

LOVELACE.

Vous y mettez de l'humeur.

MISS POLLY.

Dois-je vous féliciter de vous laisser jouer comme un sot? Combien de fois Clarisse vous a-t-elle permis de la voir cette semaine? Depuis deux jours, sous prétexte de mauvaise santé, elle n'a point paru aux repas. Cette partie de spectacle dont vous vous promettiez tant de succès, elle l'a obstinément refusée.

LOVELACE.

Croyez-vous donc avoir besoin de me piquer au jeu, et que je manque de moyens pour la faire sortir de sa chambre ? Mais comment n'est-elle pas encore ici ? vous ne l'avez donc pas fait avertir ?

SAINCLAIR.

Je ne sais où est Dorcas. (*Dorcas entre.*) D'où venez-vous donc ? N'avez-vous pas dit à miss Clarisse qu'on l'attend pour le thé ?

SCÈNE III.

SAINCLAIR, MISS POLLY, LOVELACE, DORCAS.

DORCAS.

Madame, je viens de chez elle ; j'y suis entrée par l'autre porte de son parloir.

LOVELACE.

Eh bien ! qu'a-t-elle répondu ?

DORCAS.

Qu'elle ne se sentait pas bien, et qu'elle priait ces dames de l'excuser pour ce soir.

LOVELACE.

Encore ! Et as-tu remarqué qu'elle souffrit en effet ?

DORCAS.

Non, monsieur : elle paraît toujours triste, mais pas malade.

LOVELACE.

Ah ! c'est trop languir, trop attendre... Je la verrai... Dorcas, avec moi.

SCÈNE IV.

SAINCLAIR, MISS POLLY, *puis* CLARISSE.

SAINCLAIR.

Je tremble ! Que va-t-il faire ?

MISS POLLY.

Je ne suis pas contente, mistress Sainclair : vous oubliez trop qu'avant d'être à Lovelace vous êtes à moi.

SAINCLAIR.

Cet homme est si terrible !

MISS POLLY.

Parce qu'il agit avec bruit et colère... Et moi, dévorerai-je toujours en silence ces regrets d'un passé que rien ne peut me rendre, ces terreurs d'un avenir que je n'ose envisager?. Il faut être bien heureuse d'amour pour oublier qu'on est fille ingrate; pour contenir avec force le défi porté au monde!... Ce délire où l'on vit avec une seule pensée, je l'ai eu : mais le jour où j'ai été trahie j'ai connu le remords. (*On aperçoit au fond une lueur d'incendie.*)

SAINCLAIR.

Oh! mon Dieu! regardez.

MISS POLLY.

Bien, Lovelace!

SAINCLAIR.

C'est le feu, le feu!

SCÈNE V.

CLARISSE, *ouvrant.*

Grand Dieu! le feu!... Ah! tout le monde est-il averti du danger?

MISS POLLY, *avec ironie.*

Tout le monde!

CLARISSE, *à Sainclair.*

Un peu de courage, milady; j'espère qu'il n'y a pas de danger. Voici le domestique de M. Lovelace.

SCÈNE VI.

MISS POLLY, SAINCLAIR, CLARISSE, WILLIAMS.

WILLIAMS.

Mesdames, je viens vous tranquilliser Aussitôt que l'incendie s'est déclaré, mon maître est accouru le premier. Il est entré sans hésiter dans la chambre où le feu avait pris. Il a arraché draperies, rideaux, et il m'envoie vous dire d'être sans crainte, que dans quelques minutes il ne restera plus de traces de cet accident.

MISS POLLY, *à Clarisse.*

Puisque c'était si peu de chose, combien je suis fâch[ée] de vous avoir ainsi donné l'alarme!

ACTE III, SCÈNE VI.

CLARISSE.

Je vous remercie de cette marque d'intérêt.

MISS POLLY, *à Sainclair.*

Vous êtes souffrante, madame; voulez-vous que nous rentrions dans notre appartement? Williams, dites à Dorcas de nous suivre.

SAINCLAIR.

A demain, chère miss : vous ne nous tiendrez plus rigueur.

MISS POLLY.

Adieu, miss Clarisse. (*Lovelace qui est entré depuis quelques instans et a fait signe à miss Polly de se retirer, se présente devant Clarisse au moment où elle se dirige vers son parloir.*)

SCÈNE VII.

CLARISSE, LOVELACE.

CLARISSE.

Monsieur Lovelace!

LOVELACE.

Vous aussi, chère Clarisse, vous avez partagé l'alarme générale!

CLARISSE, *avec embarras.*

Les cris que j'ai entendus m'avaient effrayée; mais on vient de m'apprendre que tout danger est passé, que notre salut est dû en grande partie à votre courage : recevez-en mes remerciemens.

LOVELACE.

N'ai-je pas déjà ma récompense, puisque, après le long éloignement où vous m'avez tenu, je vous revois enfin? Mais combien j'aurais été plus heureux si cette faveur je la tenais de votre volonté et non du hasard!

CLARISSE.

Puisque vous comprenez que ce n'est pas volontairement que je me trouve près de vous, permettez-moi de me retirer.

LOVELACE.

Ah! quelques instans... Dans la solitude où vous nourrissez votre douleur nulle voix ne vient plaider pour mon amour?... Laissez-moi vous rappeler que vous traitez bien cruellement l'amant le plus tendre.

CLARISSE.

Assez, assez, monsieur !... Je ne dois pas vous entendre ici, seule, à cette heure.

LOVELACE.

A cette heure, Clarisse, tout est favorable à l'amour. Excepté le jour où vous vous êtes remise à moi, jamais je n'ai pu vous parler sans témoins importuns. Contre moi, contre ma présence, vous prenez des précautions qui semblent indiquer de la terreur. Quand la haine de votre famille me tenait exilé aux portes de votre château, du moins je pouvais vous écrire !... Aujourd'hui près de vous, ma plume, ma voix, sont également condamnées au silence.

CLARISSE.

Il le faut ; tant que planera sur moi la malédiction qui punit ma faute, le même asile qui m'a protégée contre la violence doit me protéger contre vous.

LOVELACE.

Et contre moi n'avez-vous pas cette indifférence dont j'essaie en vain de triompher ? Quelle arme m'avez-vous donnée contre elle ? Jamais un mot de vous a-t-il encouragé ma constance, approuvé mon amour ? Oh non ! et la faute en est à moi. J'ai là au cœur une de ces passions que Dieu n'envoie qu'aux hommes qu'il veut perdre par un crime ou faire envier des anges... Et de ce foyer qui brûle ma poitrine mes lèvres ne laissent échapper que des paroles éteintes et froides.

CLARISSE.

Monsieur, conduisez-moi près de lady Lawrance et de miss Montaigu.

LOVELACE.

Pourquoi me fuir ?

CLARISSE.

Vous oubliez qui je suis.

LOVELACE.

Je me souviens que vous êtes la plus adorée des femmes.

CLARISSE.

Monsieur, je vous ordonne de sortir.

LOVELACE, *avec force*.

Quand cesserez-vous donc de me commander la douleur et le désespoir ? Vous étiez en ma puissance, je vous ai remise aux soins de ma famille! J'implorais un hymen qui devait combler mes vœux, vous avez désiré attendre le pardon que vous refuse votre père; je me suis résigné... mais maintenant vous voulez... Ah! je n'ai que trop obéi...

CLARISSE.

O mon Dieu! nul ne viendra-t-il me sauver?

LOVELACE.

Personne n'osera troubler ce moment que j'aurais payé de ma vie. Clarisse, Clarisse près de moi; Clarisse forcée de m'entendre quand je lui dis : Clarisse, je t'aime, je t'adore!... Toutes les folles passions de ma jeunesse, tous ces désirs d'un instant, ce n'était pas de l'amour, Clarisse, car je ne t'avais pas vue.

CLARISSE.

Ah! vous me faites trembler!

LOVELACE.

Pourquoi trembler?... Ah! c'est du retour qu'il me faut! c'est de la tendresse que je veux! Près de ces femmes que je disais aimer, que m'importait d'être aimé? Mais toi, il faut que tu m'aimes!

CLARISSE, *avec effroi*.

Seule! seule!

LOVELACE.

Et comment ne m'aimerais-tu pas? tant de persévérance, tant de soins, tant d'outrages patiemment soufferts! Ah! dis-moi que tu m'aimes!

CLARISSE.

Non, non, par ma mère, non.

LOVELACE.

Mais moi, c'est du délire! mais moi, pour t'obtenir, je braverais tout, même ta colère!

CLARISSE, *à elle-même, avec égarement*.

Sans appui, maintenant!

LOVELACE.

Contre tant d'amour qui pourrait te sauver?

CLARISSE, *vivement*.

Votre honneur! Vous m'avez dit que vous seriez mon ami, mon frère; je vous ai cru, malgré l'avis de mes parens, malgré l'avis de tout le monde; ah! les avertissemens, ils ne m'ont pas manqué! Si je tombe, c'est pour avoir eu trop de confiance. Monsieur Lovelace, soyez clément, car seule j'ai eu foi en votre loyauté, seule j'ai cru que vous étiez un homme d'honneur. Et maintenant, si amant ou ennemi osait m'outrager, je me tournerais vers vous et vous crierais : A moi! et vous me défendriez.

LOVELACE.

Au prix de tout mon sang.

CLARISSE.

Alors défendez-moi donc contre vous-même qui allez forfaire à la foi donnée ; osez m'approcher et vous êtes un lâche.

LOVELACE.

Bien! Clarisse, bien! aiguisez ma colère ; que la vengeance irrite l'amour!

CLARISSE.

Oh! non, non, j'ai eu tort, je me repens ; vous êtes bon, vous êtes mon bon, mon cher Lovelace! Vous me vouliez pour votre femme ; vous ne me flétrirez pas ; car, moi, j'aimerais mieux être morte... Jamais, jamais vous ne réparerez le mal que vous me faites souffrir en ce moment.

LOVELACE.

Non, pas ainsi, Clarisse ; des outrages, du courroux.

CLARISSE.

De la pitié, je veux de la pitié! (*Elle se met à genoux.*) Voyez, monsieur Lovelace, voyez une infortunée qui, pour l'amour de vous, a été rejetée de sa famille. Ah! n'accomplissez pas l'horrible malédiction de mon père! Epargnez-moi, épargnez-moi, je vous en conjure, pour que Dieu ait pitié de vous à votre dernière heure.

LOVELACE.

Relevez-vous, Clarisse.

CLARISSE.

Non, je ne quitterai pas cette posture suppliante si vous ne m'assurez que je puis me relever pour vivre innocente et pure.

LOVELACE.

Eh bien! tandis que votre irrésistible empire commande encore à ma volonté, fuyez donc!

CLARISSE, *se levant.*

Ah!

ACTE III, SCÈNE VII.

LOVELACE, *la retenant.*

Vous promettez à votre tour que le passé est oublié et que vous me pardonnez?

CLARISSE.

Au nom du ciel, laissez-moi me retirer!

LOVELACE.

Je ne puis vous laisser, je ne vous laisserai pas si vous ne prononcez mon pardon; dites seulement que vous me pardonnez!

CLARISSE.

Eh bien! oui, je vous pardonne.

LOVELACE.

Et si je vous demande quelque grace, vous me l'accorderez?

CLARISSE.

Je vous le promets.

LOVELACE.

Et demain vous me regarderez sans haine?

CLARISSE.

Oui, oui.

LOVELACE, *avec force.*

Et cependant, Clarisse, je suis ton maître, tu es mienne!

CLARISSE, *de la voix la plus suppliante.*

Ah!

LOVELACE.

N'as-tu pas entendu que je t'ai dit de fuir?

CLARISSE, *se sauvant par la gauche dans le cabinet.*

Merci, mon Dieu!

SCÈNE VIII.

LOVELACE, *seul.*

Voilà donc le succès de mes ruses, de mes intrigues! Clarisse, avec quelques mots, avec des larmes, a fait évanouir toutes ces résolutions si long-temps méditées. Ah! oui, elle a raison, je suis devenu un lâche; un cri de femme bouleverse toute ma volonté!... Mais aussi que de dignité dans sa parole, que de charmes dans sa prière!... Je n'aurais jamais cru que la vertu eût tant de puissance! Oh! oui, j'ai bien fait de la respecter... je le devais... Ah! je suis vaincu... Lovelace vaincu!.. Et pourquoi ne pas le reconnaître?.. pourquoi le mariage... ce n'est peut-être pas aussi terrible que je me l'imagine. (*voyant entrer Polly.*) Déjà Polly! (*Il veut sortir.*)

SCÈNE IX.

MISS POLLY, LOVELACE.

MISS POLLY.

Sir Robert Lovelace, vous me fuyez?

LOVELACE.

Moi, Polly! et depuis quand vous fuit-on?

MISS POLLY.

Depuis qu'on n'est plus Lovelace.

LOVELACE.

Comment savez-vous?..

MISS POLLY.

Croyez-vous donc qu'on fasse impunément une faute?

LOVELACE.

Ah!.. Et quelle sera la punition de celle-ci?

MISS POLLY.

De perdre à jamais Clarisse.

LOVELACE.

Et qui me l'enlèvera?

MISS POLLY.

Le sort qui se venge de vous : il y a là, en bas, un courrier couvert de poussière ; il vient vous annoncer que votre oncle, milord-duc, frappé d'une attaque subite, veut vous parler avant que d'expirer. Le domestique m'a dit se nommer Patrick ; ne voulez-vous pas le voir?

LOVELACE.

Et quand je verrais cet imbécile que je ne connais que trop, que me dira-t-il? que la fortune, que le titre de milord-duc dépendent de cette visite?.. Je le sais aussi bien que lui.

MISS POLLY.

Que faut-il lui répondre?

ACTE III, SCÈNE IX.

LOVELACE.

Qu'il s'en aille!.. c'est-à-dire qu'il annonce à mon oncle que je vais arriver.

MISS POLLY.

Est-ce tout?

LOVELACE.

Que Williams commande des chevaux.

MISS POLLY.

Et vous partirez?

LOVELACE.

Ne le faut-il pas?

MISS POLLY.

Sans la revoir?

LOVELACE.

Qui vous a dit cela?

MISS POLLY.

A la bonne heure, car vous avez d'éternels adieux à lui faire.

LOVELACE.

Eternels! oh! non, car vous m'en répondez; il faut que je lui parle.

MISS POLLY.

Croyez-vous donc qu'elle vous reçoive?

LOVELACE.

Non; mais elle viendra.

MISS POLLY.

J'en doute.

LOVELACE, *passant à une table à droite.*

Elle l'a juré! (*écrivant.*) « Clarisse, le malheur me punit; « mon oncle se meurt, je pars: mais de ce lit de douleur où « je vais veiller, que ma pensée ne vous voie pas irritée et « menaçante... Clarisse, venez dire un consolant adieu à « un homme malheureux qui s'éloigne et qui vous a sauvée « de lui-même; un instant, sur l'honneur, un seul instant. » (*à miss Polly.*) Voudriez-vous appeler Dorcas?

MISS POLLY.

Pour porter ce message? et vous pensez que Clarisse viendra sans que lady Lawrance ou miss Montaigu vous serve de caution? Donnez, donnez; d'ailleurs Dorcas vient de m'annoncer qu'elle est souffrante: ne faut-il pas que je la voie? (*intention marquée.*) Ne faut-il pas que, moi aussi, je lui donne mes soins?

LOVELACE.

Clarisse souffrante!

MISS POLLY.

Rassurez-vous; elle sera bientôt remise quand elle réfléchira à la générosité de son amant. (*Elle entre chez Clarisse.*)

SCÈNE X.

DORCAS, LOVELACE.

DORCAS *entre du fond.*

Monsieur! (*Elle lui donne une lettre.*)

LOVELACE.

De mon oncle? (*prenant la lettre.*) Eh non! c'est de Belfort.

DORCAS.

Que faut-il dire?

LOVELACE.

Qu'on attende. (*Dorcas sort.*) (*Il déplie la lettre.*) Quatre grandes pages! Il faut que depuis qu'il est parti il n'ait pas quitté la plume. Ça m'a l'air d'être très bien, mais je ne peux pas lire tout ça, moi. (*reprenant la lettre.*) *Que tu es cruel...* Il me l'a déjà dit cent fois. *Epouse Clarisse...* Il prêche un homme à moitié converti. *La violence... J'y pense bien... ce serait la tuer... tu aurais à te reprocher sa mort.* Il se répète terriblement, l'ami Belfort. (*voyant entrer Polly.*) Eh bien?

SCÈNE XI.

LOVELACE, MISS POLLY.

MISS POLLY.

Elle se plaignait encore: quelques gouttes que je lui ai données l'ont remise: elle hésitait: je l'ai décidée; elle me suit.

LOVELACE.

Chère Polly!

ACTE III, SCÈNE XI.

MISS POLLY.

Mais si, pendant qu'elle vous parlera, vous entendiez sa voix s'affaiblir, pas d'effroi.

LOVELACE.

Comment ?

MISS POLLY.

Si vous voyez ses yeux s'égarer, et nager dans le vide, n'appelez pas.

LOVELACE.

Expliquez-vous.

MISS POLLY.

La voilà ! n'appelez pas, vous dis-je.

SCÈNE XII.

LOVELACE, CLARISSE.

LOVELACE.

Chère Clarisse !

CLARISSE.

Je me suis souvenue que je n'avais pas invoqué votre bonheur en vain. J'y veux croire encore.

LOVELACE.

Ah ! graces vous soient rendues d'avoir écouté ma prière !... Je vous l'ai dit, mon oncle m'appelle à son lit de mort : je pars ; mais quand cette cause imprévue ne m'aurait pas arraché d'auprès de vous, j'étais décidé, je vous quittais. J'avais vu vos larmes... vos plaintes retentissent encore à mon oreille ! Vous de qui j'attends le bonheur, je ne voulais pas que vous vous souvinssiez d'un jour où vous auriez pleuré à cause de moi, où vous auriez souffert par moi ; je voulais me soustraire au danger d'être ainsi près de vous... Savoir que vous refusez de m'entendre, que votre volonté seule élève une barrière entre nous, tout cela m'irrite : mon amour devient une envie de guerre ; loin de vous j'accuserai le temps, la distance ; je serai plus malheureux, mais je ne deviendrai pas coupable.

CLARISSE.

Ah ! que ces paroles sont douces pour moi ! Jamais les expressions les plus flatteuses de votre tendresse n'ont porté tant de joie dans mon cœur. Je vous remercie du fond de l'ame de cette première trêve à mon chagrin!... Combien je respire plus librement! Ces accusations sans cesse répétées contre vous, ces menaces de ma famille m'avaient frappée de terreur! Je ne voyais partout que fraude et piége, même dans cette maison. Vous partez : mes soupçons se dissipent ; tous les nuages s'éclaircissent!... Merci, monsieur Lovelace, merci du bien que vous me faites.

LOVELACE.

Ah! vous ne m'avez pas habitué à un semblable langage.

CLARISSE.

Je serais ingrate si je vous cachais le soulagement que j'éprouve, si vous ne jouissiez de tout le plaisir de rendre à une femme bien malheureuse les espérances que ses rêves même ne lui accordaient plus.

LOVELACE.

Clarisse, je vois des pleurs dans vos yeux.

CLARISSE.

Ah! laissez, laissez couler mes larmes... elles sont douces celles-là. Déjà la malédiction de mon père semble moins peser sur mon avenir; mes prières le fléchiront : s'il résistait encore, bientôt arrive le colonel Morden, l'ami de mon enfance, mon vrai frère, qui me protégera, qui dira ce que vous avez fait pour moi.

LOVELACE.

Vous comprenez mon amour; vos paroles sont moins sévères...vos regards ne fuient plus les miens, et je pars!... Clarisse, vous quitter en ce moment!...

CLARISSE.

Cette absence ne sera peut-être pas bien longue; et puis vous m'écrirez et je vous répondrai : je vous dirai tout ce que je ferai pour apaiser ma famille; à mon tour je vous consolerai, car vous êtes un honnête homme.

LOVELACE.

Mon amie, ma bien-aimée, écoutez moi.

CLARISSE.

Cette émotion si douce après tant de douleur a détendu toutes les fibres de mon ame... je ne sais quelle langueur...

LOVELACE.

Que m'a donc dit Polly!

ACTE III, SCÈNE XII.

CLARISSE *s'assied dans un fauteuil, Lovelace se met à ses genoux.*

Adieu, monsieur Lovelace.... votre main tremble.... moins de faiblesse... je sens un calme... Ah! que de séduisantes images.... quel éclat!.... la belle fête!..... Ah! ma mère!... ah! comme autrefois dans vos bras... sur votre cœur, ma mère.

LOVELACE, *se lève.*

Elle dort! elle rêve... Polly!... Polly!...

SCÈNE XIII.

LOVELACE, DORCAS, CLARISSE.

DORCAS *entre, Lovelace lui fait signe de faire silence.*

Monsieur, le domestique de monsieur Belfort attend toujours.

LOVELACE *regarde long-temps Clarisse, hésite, combat avec lui-même, puis tout à coup il va à la table et écrit.*

« Mon cher Belfort, tu n'es qu'un sot, et Clarisse est vivante. »

(*Il donne la lettre à Dorcas.*)

FIN DU TROISIÈME ACTE.

ACTE IV.

Salle de l'appartement de Clarisse.

SCÈNE PREMIÈRE.

DORCAS, SAINCLAIR; *mistress Sainclair entre par le fond avec précaution et va à la chambre de Clarisse; Dorcas lui ouvre.*

SAINCLAIR.
Personne n'est entré dans la chambre de miss Clarisse?

DORCAS.
Personne.

SAINCLAIR.
Monsieur Belfort s'est-il présenté de nouveau?

DORCAS.
On m'a dit qu'on l'avait vu plusieurs fois errer autour de la maison.

SAINCLAIR.
Que dit-on de ne pas voir paraître miss Clarisse depuis trois jours?

DORCAS.
On la croit légèrement indisposée: tout le monde pense qu'elle sera bientôt remise.

SAINCLAIR.
L'as-tu vue ce matin?

DORCAS.
Je sors de son appartement.

SAINCLAIR.
Comment est-elle?

DORCAS.
Toujours dans le même état.

ACTE IV, SCÈNE I.

SAINCLAIR.

Depuis hier soir aucun changement?

DORCAS.

Aucun.

SAINCLAIR.

Et Polly?

DORCAS.

Elle est toujours auprès d'elle : elle ne l'a pas quittée.

SAINCLAIR.

Dis lui que je veux lui parler.

DORCAS.

La voici. (*Elle sort.*)

SCÈNE II.

MISS POLLY, SAINCLAIR.

SAINCLAIR.

Ah! venez : je meurs d'inquiétude. Dorcas dit qu'il n'y a rien de nouveau.

MISS POLLY.

Non : toujours muette : l'œil sans regard.

SAINCLAIR.

Je suis perdue!

MISS POLLY.

Je l'ai fait lever, marcher même; mais à quoi cela m'a-t-il servi? Elle est là, assise dans un fauteuil, attendant pour faire un mouvement une main qui le lui imprime. C'est toujours un corps vivant, mais il n'y a plus d'ame. Ce n'est pas comme cela que l'eût voulu ma vengeance.

SAINCLAIR.

Mais si ce second breuvage était trop énergique, si en redonnant le mouvement au corps il avait ébranlé tous les ressorts de la vie?

MISS POLLY.

Valait-il mieux la laisser s'éteindre dans son engourdissement léthargique?

SAINCLAIR.

Tenez, Polly, on s'habitue à un certain cercle de mal, on s'y étourdit; mais si on en sort, si on fait le mal d'une autre manière, on se trouble, et l'on s'aperçoit que la conscience n'est pas morte.

MISS POLLY.

Votre conscience d'aujourd'hui c'est votre peur de Lovelace.

SAINCLAIR.

Il est assez follement épris pour laisser là le lit de mort de son oncle, sa fortune et sa pairie. Grand Dieu! s'il revenait!

MISS POLLY.

Pourquoi cette terreur?

SAINCLAIR.

C'est que je le connais, Polly : j'ai déjà vu ses emportemens. L'intrigue lui plaît pour l'intrigue. C'est une partie qu'il a l'amour-propre de jouer avec talent et bonheur.... mais cette fois, son cœur est intéressé au succès, et s'il perd, qui sait jusqu'où ira sa fureur?

MISS POLLY.

Et qu'arriverait-il donc, à votre avis?

SAINCLAIR.

Rien que d'y penser, je tremble! En voyant miss Clarisse dans cet état, il serait au désespoir.

MISS POLLY.

Ce spectacle aurait bien sa douceur... Et pourtant, je voudrais qu'elle s'éveillât avant le retour de Lovelace, pour être la première à saluer cet ange déchu de paroles de bienvenue, pour lui dire : Je suis Polly; pour la forcer à me demander pardon des respects que j'ai eus pour elle.

SAINCLAIR.

N'y a-t-il aucun moyen de conjurer l'orage qui nous menace?

MISS POLLY.

Je me trompe fort, ou elle doit bientôt sortir de sa torpeur.

SAINCLAIR.

Peut-être un changement d'air...

MISS POLLY.

Je vais la chercher et l'amener ici.

(*Elle entre dans le cabinet à droite.*)

SCENE III.

WILLIAMS, SAINCLAIR.

SAINCLAIR.

Veillons à ce que personne ne vienne... Mais je ne me trompe pas, on monte. (*avec terreur.*) C'est Will !

WILLIAMS.

Qu'a donc ma présence de si extraordinaire, mistress ? vous avez l'air tout consterné.

SAINCLAIR.

Consterné ! et pourquoi donc ? Sans doute vous venez de la part de votre maître savoir des nouvelles de miss Clarisse ?

WILLIAMS.

C'est une commission qui ne pouvait me manquer.

SAINCLAIR.

Eh bien ! vous direz à votre maître...

WILLIAMS.

Permettez ; je ne dirai rien, car je ne suis pas seul.

SAINCLAIR.

Et qui donc ramenez-vous ?

WILLIAMS.

Je ne ramène personne ; c'est mon maître qui m'a ramené.

SAINCLAIR.

Votre maître ?

WILLIAMS.

Et au grand galop. Quel homme ! Je suis encore tout moulu de la course. Pour lui, il n'y paraît pas ; il fait un bout de toilette, et, dans quelques minutes, vous le verrez paraître aussi leste, aussi brillant que...

SAINCLAIR.

Il va venir ?

WILLIAMS.

Sans doute.

SAINCLAIR.

Ce retour si subit... son oncle est donc mort ?

WILLIAMS.

Ah! j'oubliais ce qu'il y a de plus triste dans l'affaire : le digne pair se porte très bien.

SAINCLAIR.

Mais ce message qui mandait son neveu?

WILLIAMS.

Excellente plaisanterie de M. Belfort, qui voulait, pendant notre absence, nous souffler miss Clarisse. Quand mon maître a vu que son oncle se portait bien, il était furieux... puis, comme par réflexion, il s'est écrié : Pas mal! Belfort, pas mal! Là-dessus il a ri comme un fou, et moi j'ai ri de même.

SAINCLAIR.

Maintenant je comprends les tentatives de Belfort pour parvenir jusqu'à miss Harlowe.

WILLIAMS.

Mistress, mon message...

SAINCLAIR, *à part*.

Je les entends... Bien, bien, Will, allez.

WILLIAMS.

A l'office, mistress?

SAINCLAIR.

Oui, c'est cela, à l'office.

(*Elle le conduit jusqu'à la porte ; pendant ce temps, miss Polly fait entrer et asseoir Clarisse, qui lui obéit comme par un mouvement machinal.*)

SCÈNE IV.

CLARISSE, MISS POLLY, MISTRESS SAINCLAIR.

MISTRESS SAINCLAIR, *revenant vivement en scène avec un accent de terreur.*

Polly! il va venir!

MISS POLLY.

Qui?

MISTRESS SAINCLAIR.

Lovelace.

MISS POLLY.

Lovelace, comment?

ACTE IV, SCÈNE IV.

SAINCLAIR.

Je vous dis qu'il va venir : (*allant à Clarisse.*) Miss Harlowe... c'est nous, parlez-nous!... Polly, la mort est là!

MISS POLLY.

La mort! oh! non, non! et pourtant je le sens, la honte doit tuer quand on ne peut pas la rejeter sur les autres.

SAINCLAIR.

Miss Harlowe, revenez à vous. (*désespérée.*) Mon Dieu! que faire? que faire? Dieu! je l'entends!

MISS POLLY.

Lovelace! retirons-nous! ma vengeance commence.

(*Elles sortent.*)

LOVELACE, *entrant.*

Clarisse! où est ma chère Clarisse?

SCÈNE V.

CLARISSE, LOVELACE.

LOVELACE.

Après trois jours, trois siècles!... enfin je vous revois!... En volant près de vous, comme ma pensée dévorait l'espace, divisait les intervalles, pour qu'ils me parussent moins longs à parcourir.... mais vous voilà.... c'est bien vous.... et je tiens votre main.... Dieu! qu'elle est froide!... Clarisse! Clarisse!... pourquoi ce silence? ce regard terne, immobile? Ah! baissez-le, vous me faites peur! (*à ses pieds.*) Tenez, me voilà sous votre regard; par pitié, un mot, un reproche... rien...(*avec explosion.*) Les misérables me l'ont tuée!... (*Il court aux sonnettes qu'il agite avec violence, aux portes qu'il frappe.*) Sainclair! Polly!... Will! Dorcas! à moi! ici! au secours! des médecins! scélérats! (*à Dorcas qui entre.*) Polly, entends-tu, je veux Polly... (*à Will qui entre.*) le docteur! cinq cents guinées, mille guinées s'il vient sur-le-champ. Tiens, prends (*il lui donne sa bourse.*) la bague de ma mère!... Mon ange, je suis seul avec toi. Moi qui t'aime, moi qui pour toi tuerais et me ferais tuer!... oh! oui, elles sont bien coupables! Quel horrible breuvage!... mais moi, tu ne me confonds pas avec elles... c'est l'amour! j'ai voulu briser, non ta volonté, car tu m'aimais, mais la volonté de ta famille. J'ai voulu que rien ne fût plus entre nous, pas même un doute, une crainte de pudeur. Maintenant je puis m'approcher de toi, te presser sur mon cœur... je puis appuyer mes lèvres sur ta main... quoi! morte!... Ah! bien morte, elle ne me repousse pas... Clarisse, je t'en conjure, dussent tes yeux retrouver leur courroux, ta bouche des reproches, que tes yeux reprennent leurs regards, que ta voix se fasse entendre, que ton cœur batte... de haine, si tu veux, mais qu'il batte! (*lui mettant la main sur le cœur.*) Il bat!... et pourtant ton oreille est sourde à mes cris, ta main insensible à mes baisers... Oh! si la douleur du corps devait plus vite te rendre le sentiment de la vie, j'en aurais le courage, je te blesserais de mon épée; je te blesserais pour entendre un cri!... Clarisse!... Clarisse!... tout mon sang pour une injure! (*Il prend à deux mains sa tête.*) C'est moi, ton amant, Lovelace! (*Clarisse se ranime lentement.*) Ah! elle reprend la vie!...

CLARISSE.

Que mon front est pesant! (*Elle laisse retomber sa tête sur l'épaule de Lovelace.*)

LOVELACE, *toujours à ses pieds.*

Oui, mon ange! reste ainsi... que ton réveil soit lent et doux... (*Il la baise au front, Clarisse relève la tête.*) Regarde maintenant... moi! moi!... Il ne faut pas m'en vouloir à moi! Il faut m'aimer moi, car je t'aime... à présent, dis un mot : dis mon nom, Lovelace.

CLARISSE, *revenant à elle.*

Vous ici, seul! Ah! je me souviens : vous partez, n'est-ce pas?

LOVELACE.

Non, non, je ne te quitte plus! Je suis de retour, à jamais près de toi.

CLARISSE.

De retour!

LOVELACE.

Et maintenant plus d'absence... j'ai trop souffert pendant trois jours... trois jours loin de toi...

CLARISSE.

Trois jours! trois jours de sommeil! (*Elle se lève, reprend peu à peu la pensée avec la vie, regarde avec effroi autour d'elle, fixe des regards de terreur sur Lovelace qui lui tend les bras, puis tout à coup elle pousse un grand cri et s'enfuit.*)

SCÈNE VI.
LOVELACE, POLLY.

MISS POLLY.

Vous m'avez demandée, monsieur Lovelace? me voilà!

LOVELACE.

Il y a long-temps que vous devriez être ici.

MISS POLLY.

J'ai tout entendu : je suis arrivée assez à temps pour être témoin de l'incroyable empire que vous exercez sur votre Clarisse.

LOVELACE.

Taisez-vous, Polly! taisez-vous : ou je trouverai moyen de réprimer cette insolence.

MISS POLLY.

Et si je ne veux pas me taire, pouvez-vous m'y forcer?

LOVELACE.

Polly!

MISS POLLY.

Vous pouvez me briser.. mais me faire plier, je vous en défie! M'avez-vous prise pour un servile instrument? je joue pour moi, ici... Reprenez vos esprits, regardez-moi, je suis Polly! Ah! vous croyez, messieurs, qu'il suffira d'avoir divinisé une femme pour la repousser ensuite dans l'infamie? Vous avez osé me dire : Polly, sois ma servante de corruption, et je pourrai bien t'aimer encore. Votre fatuité vous a persuadé que j'accepterais le pacte, et vous avez oublié que Satan ne parle pas de fades tendresses aux ames perdues qu'il veut tenter encore, mais qu'il leur permet d'être comme lui puissantes dans le mal. Maintenant, Lovelace, je suis au-dessus de toi, car tu as commis un lâche attentat, et moi je suis vengée.

LOVELACE.

Polly, je t'admire.

MISS POLLY.

Ah! l'élève a surpassé son maître, et prend pitié de sa faiblesse.

LOVELACE.

Et que veux-tu encore?

MISS POLLY.

Moi, sir Robert? rien! absolument rien : mais parce que vous avez torturé un sommeil, ne dites pas que vous avez conquis le moindre droit sur une ame absente.

LOVELACE.

En vous écoutant, Polly, on apprendrait à ne plus aimer sa mère. Mais vous avez beau dire, Clarisse m'appartient; oui, par l'enfer! elle m'appartient. Qui oserait dire que non?

MISS POLLY.

Moi, qui sais qu'elle te hait de toute la haine d'une femme mortellement offensée. Lovelace, Clarisse vivante est à jamais perdue pour toi.

LOVELACE.

Perdue! tu mens : Clarisse me pardonnera... le temps aura bientôt effacé...

MISS POLLY.

Le temps! est-il à toi? et Morden, il arrive!

LOVELACE.

Morden! cette éternelle menace... Ah! Clarisse! où est Clarisse? il faut que je la voie.

MISS POLLY.

Elle est là.

LOVELACE, *allant à la porte qu'il secoue.*

Enfermée!

MISS POLLY.

Et voilà un obstacle capable d'arrêter le redoutable Lovelace!

LOVELACE.

Ah! de la violence, n'est-ce pas?

MISS POLLY.

Non, la ruse vous réussit mieux. Voyons, l'honnête Léman n'est-il plus là pour faire du bruit à cette porte, et prononcer des noms qui effraient? Faut-il appeler mistress Sainclair pour qu'elle crie au feu? Cet esprit si fertile, si ingénieux est-il épuisé?

(*On casse un carreau de vitre.*)

LOVELACE.

N'avez-vous pas entendu?

ACTE IV, SCÈNE VI

MISS POLLY.

C'est le bruit d'un carreau qu'on brise.

LOVELACE.

A sa fenêtre?

MISS POLLY.

Ne craignez-vous pas qu'elle fuie d'un second étage?

LOVELACE, *au désespoir.*

Non, mais elle peut s'en précipiter : Clarisse!

SAINCLAIR, *entrant.*

Qu'y a-t-il donc, monsieur Lovelace? pourquoi ces cris?

SCÈNE VII.

MISS POLLY, LOVELACE, CLARISSE, MISTRESS SAINCLAIR, DORCAS, DOMESTIQUES.

(*Au moment où mistress Sainclair entre avec les domestiques qui arrivent aux cris de Lovelace, Clarisse paraît sur la porte de sa chambre.*)

LOVELACE, *allant à Clarisse.*

Clarisse! ma Clarisse!

CLARISSE, *avec fierté et résolution.*

Vous parlez à Clarisse Harlowe éveillée.

SAINCLAIR.

Chère miss, pourquoi ces craintes, ces précautions, quand vous êtes sous la protection de Lady Lawrance?

CLARISSE.

Monsieur Lovelace, ne défendrez-vous pas à cette femme de souiller le nom de votre famille? Songez à ce qu'elle a fait, et laissez-lui dire encore, si vous l'osez, qu'elle est la sœur de votre mère.

LOVELACE.

Que soupçonnez-vous donc?

CLARISSE.

Cette lettre... Croyez-vous que votre ami Belfort soit bien instruit?

LOVELACE, *lui montrant une lettre qu'elle tient à la main.*

Belfort!

CLARISSE.

Avez-vous donc espéré que la honte courberait mon ame jusqu'à vous? Je me relève pure et fière, parce que mon ame n'a pas failli...

LOVELACE.

Que voulez-vous?

CLARISSE.

Fuir ces lieux, vous, ces femmes.

LOVELACE.

Fuir?

CLARISSE.

Et qui oserait m'arrêter? vos gens? Moi! j'en appelle à leur pitié... (*aux gens.*) Vous ne voulez pas être complices de leur lâche attentat. N'est-ce pas qu'on vous a trompés? Cette femme qui vous a dit : Je suis lady Lawrance, elle ment ; elle s'appelle mistress Sainclair. Cette femme n'est pas miss Montaigu... elle a un autre nom... Miss Polly, et vous, mistress Sainclair, où vous êtes, Clarisse Harlowe ne peut rester.

(*Elle fait un mouvement pour sortir.*)

LOVELACE.

Arrêtez, Clarisse, je cède à tant de vertus... Vous êtes libre ; mais écoutez-moi : je veux tout réparer : qu'un ministre vienne à l'instant même et reçoive mes sermens.

CLARISSE.

Et vous voulez que je vous dise devant Dieu : Lovelace, tu as bien fait de me déshonorer... tu m'as souillée : voilà ma main... tu m'as indignement outragée, tu auras mon amour?

LOVELACE.

Vous ne refuserez pas l'homme qui près de l'abîme vous crie : Sauvez-moi!... Clarisse, il faut que vous m'entendiez : ma vie, mes projets, mes passions, je les abjure. Pitié pour ma vie passée, pour ma vie à venir, pitié! J'ai besoin de toi pour vivre : pour être vertueux, il me faut toi! Ah! réponds! un mot, un seul.

CLARISSE.

Sir Robert Lovelace, je vous méprise.

FIN DU QUATRIÈME ACTE.

ACTE V.

(Le théâtre représente une petite chambre modestement meublée.)

SCÈNE PREMIÈRE.

BELFORT, MISTRESS SMITH, CLARISSE.

BELFORT.

A-t-elle reposé, cette nuit?

MISTRESS SMITH.

Elle ne s'est pas couchée.

BELFORT.

Elle a passé la nuit?

MISTRESS SMITH.

A écrire.

BELFORT.

Elle se tuera.

MISTRESS SMITH.

C'est ce que je ne cesse de lui dire; mais elle est si préoccupée, elle ne m'entend pas. Tenez... (*Elle va près de Clarisse.*) Chère demoiselle, avez-vous besoin de mes services? Il y a bien long-temps que vous écrivez... (*à Belfort.*) Vous voyez: je ne veux pas non plus la tourmenter.

BELFORT.

Bonne madame Smith, vous avez pour cette divine personne tous les soins imaginables!

MISTRESS SMITH.

Qui pourrait lui refuser le plus tendre intérêt?

BELFORT.

Un ange! madame Smith, un ange que j'ai amené dans votre maison! Que de remerciemens je vous dois pour avoir consenti à lui céder cet appartement au-dessus de votre magasin! Ainsi elle échappe aux recherches depuis le jour où, après l'avoir avertie par une lettre, j'ai pu l'arracher à cette infâme maison. Je ne vous gêne point en vous retenant ici?

MISTRESS SMITH.

Non, monsieur, la demoiselle de comptoir et les deux commis sont en bas.

BELFORT.

Le docteur est-il venu ce matin?

MISTRESS SMITH.

Il sort d'ici.

BELFORT.

Comment la trouve-t-il?

MISTRESS SMITH.

Ah! monsieur... bien mal... Écoutez!

CLARISSE, *tombant à genoux.*

O ma mère! je vous conjure à genoux, car c'est dans cette humble posture que je vous écris, de m'accorder votre bénédiction!... Dites seulement : Malheureuse fille, votre mère vous pardonne; avec ces mots le ciel me sera ouvert.

MISTRESS SMITH.

Entendez-la, monsieur; c'est à briser le cœur.

BELFORT.

Ah! Lovelace! que n'es-tu là pour ton supplice!

(*Clarisse tombe et paraît défaillir.*)

MISTRESS SMITH.

Ah! monsieur!

BELFORT.

Grand Dieu! (*Ils courent à elle et l'aident à se relever.*)

CLARISSE, *se ranimant.*

Ce n'est rien... un moment de faiblesse... (*reconnaissant Belfort.*) Pardon, monsieur Belfort, je devrais être debout pour recevoir l'homme généreux qui m'a sauvée.

BELFORT.

Comment vous trouvez-vous ici?

CLARISSE.

On ne peut mieux ; je ne suis entourée que d'honnêtes gens, et je commençais à me demander ce qu'ils étaient devenus. Ma retraite est encore ignorée de M. Lovelace, n'est-ce pas?

ACTE V, SCÈNE I.

BELFORT.

Je l'espère.

CLARISSE.

Je ne demande au ciel que quelques jours.

BELFORT.

Eloignez de semblables idées, et espérons qu'un heureux événement... l'arrivée du colonel Morden... On m'assure l'avoir vu passer à Londres, il y a quelques jours, pour aller au château d'Harlowe.

CLARISSE.

Que pourrait-il pour moi, maintenant? me venger!... Je me sens fatiguée; je goûterais avec plaisir quelques instans de repos. (*Elle ferme les yeux.*)

BELFORT, *à mistress Smith.*

Il faut que je vous quitte. Je n'ose le lui dire : Lovelace a découvert cette maison, il m'a donné rendez-vous à cette heure. Je cours chez lui, je veux l'empêcher de devenir plus coupable.

MISTRESS SMITH.

Ah! allez, monsieur, empêchez-le de venir! Si elle pouvait reposer... quelques heures d'une parfaite tranquillité lui redonneraient la vie.

SCÈNE II.

MISTRESS SMITH, LA DEMOISELLE DE BOUTIQUE, CLARISSE.

LA DEMOISELLE DE BOUTIQUE.

Madame, il y a en bas, dans la boutique, quelqu'un qui demande à parler à miss Harlowe.

CLARISSE, *se réveillant avec crainte.*

Qu'y a-t-il donc?

LA DEMOISELLE DE BOUTIQUE.

Rien, madame.

CLARISSE.

Madame Smith, si c'est lui, restez avec moi.

MISTRESS SMITH.

Calmez-vous.

CLARISSE.

Cet homme me tuera! Je ne puis pourtant pas mouri sans la bénédiction de ma mère.

MISTRESS SMITH.

On monte.

SCÈNE III.

MORDEN, CLARISSE, MISTRESS SMITH, LA DEMOISELLE DE BOUTIQUE.

CLARISSE, *reconnaissant Morden qui entre vivement et lui tendant les bras.*

Morden! mon frère!

MORDEN.

Clarisse! ma chère Clarisse! (*voyant son changement.*) Ah! grand Dieu!

(*Mistress Smith et la demoiselle de boutique se retirent.*)

SCÈNE IV.

CLARISSE, MORDEN.

CLARISSE.

Ah! je suis bien changée, n'est-ce pas? On reconnaît que j'ai bien souffert, que j'ai bien expié ma faute?

MORDEN.

Votre faute! On sait maintenant les piéges qui vous ont été tendus, les fraudes qui ont égaré votre famille.

CLARISSE.

Ma famille! vous l'avez donc vue?

MORDEN.

Oui, Clarisse.

CLARISSE.

Vous avez vu ma mère? ah! parlez-moi d'elle!

MORDEN.

Si elle n'était encore souffrante, elle m'eût devancé près de vous; dans quelques jours sans doute...

CLARISSE.

Ah! lui avez-vous bien dit que je n'étais pas coupable?

ACTE V, SCÈNE IV.

MORDEN.

Elle ne vous accuse pas : elle pleure.

CLARISSE.

Tant que ma volonté a été libre, j'ai été digne de vous; et cependant, je puis le dire maintenant, je puis le dire à vous, je croyais à son amour; je le croyais bon, noble, généreux. Morden, je l'aimais.

MORDEN.

Pauvre Clarisse!

CLARISSE.

Ah! quand cet amour a été remplacé par le mépris, quand je n'ai plus osé appeler à moi ceux que j'aimais dès l'enfance, comme j'ai été seule et souffrante! J'ai voulu mourir!

MORDEN.

Eloignez ces souvenirs... des jours meilleurs commencent. A force de malheurs, vous avez racheté l'affection qu'on vous refusait : votre père, votre frère, que vous voyiez toujours menaçans, vous ouvrent les bras, et je les ai entendus vous demander pardon de vos souffrances.

CLARISSE.

Ah! que ne sont-ils là! que j'embrasse en pleurant leurs genoux.

MORDEN.

Clarisse, remettez-vous; ne vous abandonnez pas à ces émotions.

CLARISSE.

Oh! oui, une secousse violente pouvait abréger ma vie! mais le bonheur! le bonheur que vous m'apportez!... Si vous saviez comme la chaleur de mon front est dissipée, comme l'air circule mieux dans ma poitrine!... Ah! maintenant je veux vivre...

(*On entend la voix de Lovelace.*)

MORDEN.

Quel est ce bruit?

CLARISSE.

C'est en bas, dans le magasin; je reconnais la voix.

MORDEN.

La voix de Lovelace?

CLARISSE.

Oh! mon Dieu! mon Dieu! qu'il ne vienne pas ici!

MORDEN.

On monte : Clarisse, vous ne devez pas le voir ; rentrez dans votre chambre.

CLARISSE.

Je ne vous quitte pas.

MORDEN.

Au nom de votre mère qui vous bénit, je vous l'ordonne.

(*Clarisse rentre.*)

LOVELACE, *au dehors*.

Laissez-moi, laissez-moi, vous dis-je : arrière tous, ou je ferai couler le sang dans cette maison. (*Il entre.*) Clarisse ! où est Clarisse ?

SCÈNE V.

MORDEN, LOVELACE.

MORDEN.

Il n'y a ici que son protecteur, son frère ! Morden Harlowe.

LOVELACE.

Vous, monsieur ! Eh bien ! même à vous, dans mon désespoir, je redemanderai Clarisse... Clarisse que j'aime, que j'ai toujours aimée.

MORDEN.

Songez à qui vous parlez, monsieur.

LOVELACE.

Songez à mes tourmens, à mes remords : mon crime, je le comprends, je le déteste ; mais laissez-moi la voir, laissez-moi lui dire que depuis que je l'ai perdue ma vie est un supplice : le jour je la cherche, je l'appelle ; la nuit j'ai des terreurs, des cris de rage.

MORDEN.

Vous me feriez pitié, si vous ne me faisiez horreur.

LOVELACE.

Mais ce que je demande je puis l'arracher ! ma vie, mille fois ma vie, pourvu que je meure à ses pieds, pourvu que ma voix expirante lui crie : Pardon ! Savez-vous qu'il ne faut pas braver un homme au désespoir ?...

MORDEN.

Savez-vous qu'il ne faut pas provoquer les vengeances du ciel?

SCENE VI.

MORDEN, CLARISSE, LOVELACE.

CLARISSE, *accourant.*

Par pitié, Morden! Monsieur Lovelace, écoutez-moi.

LOVELACE.

A vos genoux.

CLARISSE, *à Lovelace.*

Le pardon que vous voulez je vous l'accorde ; je prierai Dieu de vous l'accorder aussi ; mais que mon malheur ait payé pour toute ma famille ; et pour ma vie que je vous donne, pour ma vie que chaque instant de ces débats épuise sans retour, épargnez celle de l'homme qui est mon véritable, mon seul frère.

LOVELACE.

Clarisse, j'obéirai.

CLARISSE, *s'asseyant.*

Morden! vous l'entendez! vous qui m'avez tant aimée, vous qui m'auriez sauvée, refuserez-vous le pardon que je vous demande?

MORDEN.

Ce courage, pour vous, Clarisse, je vous promets de l'avoir... Mais un mot, monsieur... (*Il le prend à l'écart.*) vous savez que j'ai le droit...

LOVELACE.

Si vous voulez que je vous écoute, commencez autrement.

MORDEN.

Me promettez-vous de quitter l'Angleterre?

(*Lovelace réfléchit.*)

CLARISSE, *se mettant à genoux.*

Mon Dieu! faites descendre la paix entre ces deux ennemis.

LOVELACE.

Oui, il est probable que je voyagerai.

MORDEN.

Maintenant je me tiendrai pour satisfait si, quittant

cette chambre, vous n'insultez pas par votre présence à votre malheureuse victime.

LOVELACE.

Moi ! la quitter !

MORDEN.

Monsieur, une secousse peut la tuer.

LOVELACE, *voyant Clarisse faire des efforts pour se relever et courant à elle.*

Ma Clarisse !... (*repoussant Morden.*) Ne la touchez pas, monsieur, elle est à moi ! je l'ai achetée par un crime.

MORDEN.

Retirez-vous ; ne souillez pas ma sœur !

LOVELACE.

Harlowe !

MORDEN.

Lâche empoisonneur ! (*Ils mettent l'épée à la main.*)

CLARISSE.

Ah ! mon Dieu ! par pitié !

LOVELACE, *baissant son épée.*

Trêve pour elle.

CLARISSE.

Lovelace, je vous maudirais. (*Elle meurt.*)

LOVELACE.

Elle est morte !

MORDEN.

Morte ! Lovelace, quel est son assassin ? Elle ne mourra pas seule.

LOVELACE.

Non, non ! la mort à moi, moi près d'elle !

MORDEN. (*Ils se battent.*)

Pensez à Dieu, monsieur ; vous êtes mort !

(*Lovelace est frappé à la poitrine, Morden court auprès de Clarisse.*)

LOVELACE, *tombant.*

Clarisse ! ah ! je ne suis pas maudit... je meurs.

FIN.

www.ingramcontent.com/pod-product-compliance
Lightning Source LLC
LaVergne TN
LVHW050622090426
835512LV00008B/1609